陈默 著

家有中学生

给青春期孩子父母的实用秘籍

序

《家有小学生——给烦恼父母的实用秘籍》出版之后,父母们经常问我,针对中学生的书什么时候出版。孩子会慢慢长大,中学生父母的烦恼更多。能与中学生和平相处,少起冲突,顺顺利利度过青春期,也是不容易的事。

如果说更年期是"多事之秋",青春期就是"多事之春"。对于小学生,成长是爬坡;对于中学生,成长则是翻山——从一座山翻越到另一座山,从生理到心理的变化非常大。一个活泼、多话的小男孩可能变成一个内向、少言的少年;一个大大咧咧的小女孩可能变成一个敏感、多愁的少女。

变化突如其来,父母往往没有做好准备。看到孩子遇到事情不再向父母求助,时时回避与父母交谈,甚至违抗一切指令,父母常常深受打击。不了解孩子的变化,没有合适的应对措施,就会冲突不断。阳性的冲突是吵闹和挣扎,阴性的冲突则是不合作、无动力。

有些父母认为孩子的这些变化是在"变坏",总想纠正他们的行为,把正常的变化也视为问题,从而破坏亲子关系。

我写这本书是希望给青春期孩子的父母一些切实有效的帮助,让父母的心安定下来,合理看待孩子身上的变化,学会与他们和平相处，用欣赏的眼光陪伴孩子成长。

感谢父母的支持和编辑的督促，让这本书在较短的时间内得以出版。

陈默
2018 年 7 月

目录

开篇导言：了解青春期的孩子

青春期的孩子会经历迅猛的生理变化，并带来相应的心理变化，主要表现为心境容易低落，情绪两极化，内心充满矛盾，烦躁也因此成为情绪的主基调。

青春期孩子的生理变化 ……… 3

青春期孩子的心理变化 ……… 3

 生理变化必然带来相应的心理变化 ……… 3

 青春期的变化是带有飞跃性质的变化 ……… 4

 青春期心理变化的主要表现 ……… 4

第二反抗期 ……… 7

 第二反抗期的意义 ……… 7

 青春期的反抗的两种表现形式 ……… 7

 拥有选择权的基础是拥有判断能力 ……… 8

青春期孩子的同伴关系 ……… 9

青春期孩子的异性交往 ……… 9

青春期孩子的自我同一性发展 ……… 10

第一章

为什么孩子疏远了你

越来越多的父母抱怨走不进孩子的内心，孩子与同伴交流很多，却不愿意与父母说话。其实，疏远是孩子长大的信号。

与父母疏远不需要理由	15
孩子的疏远是长大的信号	15
父母对疏远的不理解造成了恶性循环	15
孩子疏远父母的常见原因	16
父母过分关注学习	16
过多的束缚	17
当下家庭结构的失衡	17
容易产生沟通屏障的父母类型	18
保姆型（服务型）父母	18
甩手型父母	19
担忧型父母	19
比较型父母	20
控制型父母	20
挑剔型父母	21
唠叨型父母	22
自以为是型父母	22

第二章
如何与青春期孩子沟通

与青春期孩子相处时，父母要少说话，多倾听，要减少对孩子的担心和防范，多和孩子谈谈自己的心路历程。

与青春期男孩的沟通	27
与青春期女孩的沟通	28
青春期孩子反抗权威、对抗规则	29
当代孩子对权威的认同弱化	29
哪里有权威，哪里就有反抗	29
青春期孩子容易与成人唱反调	32
青春期孩子唱反调是普遍特征	32
父母要区别对待孩子的"不听话"	34
青春期孩子常脾气很大，说话伤人	35
个性原因导致的攻击性强	36
情绪压抑后的大爆发	37
如何让青春期孩子接受父母的批评和惩劝	38
如何正确批评	38
如何正确惩劝	40
孩子为何不愿与父母谈话	41
拒绝与父母谈话的原因	42
怎样才能做聪明的父母	44
孩子为何切断与父母的沟通	45

沟通内容不符合孩子的期待　　　46

　　　青春期孩子的隐私感增强　　　46

　　　孩子处于情绪修复期，需要独处　　　47

　　　亲子关系相对疏远　　　48

　　　家庭结构异常对孩子的影响　　　49

要离家出走的孩子　　　50

　　　表达"我要长大"的需求　　　50

　　　在家里受伤了　　　51

　　　做了不好的事情，不敢回家　　　52

如果孩子不善于表达感情　　　53

　　　先天生理原因的影响　　　54

　　　后天家庭的影响　　　54

孩子人前人后两个样　　　56

　　　人前优秀，但在家里表现差的孩子　　　56

　　　在家里老实，但在外叛逆的孩子　　　58

"为孩子操碎心"是一种控制　　　59

　　　青春期孩子需要对自己负责　　　60

　　　感恩应该是一种生活态度　　　61

尊重孩子的隐私　　　62

尊重孩子成长的心理需要	62
窥探不会帮助父母掌控孩子	63
协助青春期的孩子与老师沟通	**67**
不愿意主动沟通是青春期孩子的基本特点	67
老师主动、坦诚沟通是解开心结的关键	69

第三章

不同家庭与青春期孩子的沟通机制

家庭结构和状态不同，与青春期孩子的沟通机制也不同。家有青春期孩子时，妈妈的角色特别重要。

如何建设夫妻关系	**73**
离婚不一定是最坏的选择	73
妈妈在家庭中的重要作用	74
如何与青春期孩子谈离婚	**75**
再婚的父母怎样和孩子沟通	**77**
允许他们自己决定是否改口	77
继父母不要过分控制孩子	78
继父母要以朋友的身份和孩子相处	79
家里添了弟弟或妹妹时	**80**
对待第二个孩子的态度	80
增加青春期孩子自我管理的机会	81
讨论正确的财产继承观念	82

单亲妈妈如何与女儿沟通 83

理智对待孩子的亲生父亲 83
合理解释离婚的原因 85
理性对待孩子与爸爸的来往 86
尊重孩子自己的选择 86
女儿永远排第一位 87
正确对待与孩子的分离 88

单亲妈妈如何与儿子沟通 88

妈妈的爱不能让孩子觉得窒息 89
孩子会自觉扮演父亲的角色 89
孩子会主动为了妈妈的需要而牺牲 90
理智看待分离，不纠缠儿子 92
不把伤害性事件过多地告诉孩子 93
注重学习，提高自我觉察能力 94

单亲爸爸如何与女儿沟通 95

对女儿与异性交往过于敏感 95
适合与青春期女儿沟通的是妈妈 96
单亲爸爸需要的特质 97

单亲爸爸如何与儿子沟通　　98
　　不做过于控制的爸爸　　99
　　不做过于疏远的爸爸　　99
　　和儿子成为朋友与寻求支持　　100

第四章
青春期孩子的同伴关系

对青春期孩子来说，同伴关系格外重要，它甚至会影响其学习和性格发展。同时，培养孩子的社交能力时，父母要以身作则，多给孩子练习的机会。

父母要成为孩子的社交榜样　　105
　　主动创造机会让孩子解决问题　　106
　　通过重大活动教会孩子社交礼节　　106
　　教会孩子真诚分享　　107

孩子为何交不到朋友　　108
　　缺乏社交技巧　　108
　　社交心态不良　　109
　　个性缺陷　　110

孩子结交网友　　111
　　结交网友是现实生活中交友的一种补充　　111
　　如何面对孩子的网友　　113

孩子结交的朋友"三观"不正　　114
　　要重视孩子结交的朋友　　114

	用接纳的态度对待孩子的朋友	115
	孩子遭遇了校园暴力	117
	校园暴力为何发生	117
	班主任和心理老师要积极引导	118

第五章

青春期孩子的情感困惑与性启蒙

青春期孩子的恋爱最初是模仿，之后是真正感情的萌发。他们会为这种新产生的感情激动不已，甚至走向极端，不管不顾。这是孩子感情世界改天换地的阶段，父母要尊重孩子的感情发展，用适当的方式进行性启蒙。

青春期孩子陷入早恋或网恋	123
初中生的恋爱常常是一种模仿	123
父母如何面对孩子初萌的感情	125
那些陷入网恋的孩子	126
当孩子遭遇表白	127
如果孩子喜欢同性	129
青春期孩子喜欢同性并不必然成为同性恋	129
性取向是基本人权	130
青春期孩子爱上老师	132
如果初中女生爱上男老师	133
如果高中女生爱上男老师	134
正确认识初潮、遗精等生理现象	135
如何应对性骚扰	136

当女孩面对性骚扰	137
当男孩面对性骚扰	138

避免过早发生性行为   139

引导孩子对爱情和性行为有正确的认知   139

进行性安全教育   140

第六章
青春期孩子的人生重要议题

每个人都需要面对诸多人生重要议题，对这些议题的思考是人生之路的奠基石，决定了人生走向。青春期孩子会更加迷茫，不知前路在何方。

学习有何意义   145

两个真实的案例   145

学习是人的本质活动   147

学习可以成为一种精神享受   148

学习与赚钱无关   148

让孩子掌控自己的人生   149

两代人，大不同   150

如何应对青春期独立意识强烈的孩子   151

是否出国留学是重大人生抉择   152

如何探究出国留学这一议题   153

不是所有孩子都适合出国留学   155

父母不要陪读   157

青春期孩子如何树立正确的"三观"	157
"生命无意义"	158
过分尊崇金钱	158
过分争抢资源	159
对生命缺乏理解和敬畏	160
在学校过度竞争	160
过分重视物质享受	161

第七章
常见问题解答

孩子的成长并不容易，会遇到各种问题和困扰。智慧的父母才能推动孩子前行，而不是成为他们成长道路上的障碍。

怎样帮孩子追梦	165
兄弟之间的同胞竞争	165
学习没有动力	167
怎样做高三学生的陪读妈妈	168
要自杀和杀人的女儿	169
过分溺爱女儿	171
把女儿推出门之后	173
重建与孩子的亲密关系	174
当父母是学霸	175
儿子开始手淫	177
孩子每逢考试就焦虑	178

怎样帮助女儿减肥	179
离婚后重组家庭的烦恼	180
不够专注的男孩	181
该不该给孩子安排补课	182
孩子性格孤僻、行为怪异	183
孩子有自己的分数标准	184
儿子总是穿妈妈的丝袜	185
女儿不愿意遵守学校规章	187
学习上有畏难现象	188
孩子有注意缺陷	189
儿子因学习压力大而焦虑不安	192
女儿喜欢上教英语的女老师	194
怎样改善母女关系	195
进入高中后成绩一落千丈	196
超级拖延的孩子	198
女儿一定要和妈妈一起睡	199
长期熬夜怎么办	200
发现孩子看黄色视频	200
孩子喜欢暴力行为	202

还没有进入状态的妈妈	203
女儿不敬畏妈妈	205
孩子的成绩受老师情绪的影响	206
重塑学习数学的信心	208
重视规则但忽视乐趣的孩子	209
让孩子内心强大起来	210
当父母开始改变	211
孩子想要休学	213
母亲该不该再婚	214
女儿患了焦虑症	215
妈妈要扮演老师的角色	216
孩子总是撒嘴	217
高中生想过隐居的生活	218
儿子喜欢钻牛角尖	219

开篇导言：

了解青春期的孩子

青春期的孩子会经历迅猛的生理变化，并带来相应的心理变化，主要表现为心境容易低落，情绪两极化，内心充满矛盾，烦躁也因此成为情绪的主基调。

青春期孩子的生理变化

青春期是孩子成长过程中比较特别的时期,在这段时期,他们要从男孩、女孩成长为男人、女人。这一时期最大的特点就是身体上的急剧变化,这些变化包括:

- ◆ 身高、体重、胸围等形态方面的变化;
- ◆ 神经系统、肌肉力量等机能方面的增强;
- ◆ 速度、耐力、灵敏度等身体素质方面的提升;
- ◆ 身体激素的相继增加带来的性器官、性功能的迅速发展,从不具有生育能力逐步走向性成熟。

青春期孩子的心理变化

◎ 生理变化必然带来相应的心理变化

进入青春期之后,孩子会产生一系列的心理变化,比如更关注自己的形象、对异性产生兴趣等。例如,一个男孩子进入初中以后,好长一段时间都闷闷不乐,情绪低落,也没有心思学习和看书。父母感到纳闷,他的成绩还好,也没有什么特别的事情发生,为什么一直不开心呢?后来才发现,这个男孩个头较矮,在班级里排倒数第二,甚至比一些女孩子还矮,他为此很苦恼;在跟其他男生课间掰手腕的时候也总是输,觉得自己一点都没有男子气概,会被女生嘲笑,整天愁云满面,完全没有学习的心思。

这就是青春期的心理变化之一，孩子会越来越关注自己的形象，为发型、青春痘、减肥等事情苦恼。很多父母会发现，到了初中阶段，孩子会越来越注意自己的形象，早上起床后会在卫生间照很长时间的镜子，一遍遍地整理自己的头发。在这个年龄阶段，有些发育比较快的学生，面部已经越来越成人化，如果孩子发现自己的脸还是娃娃脸，就会有些失落。

女孩子也开始有各种小心思，不像小时候那样大大咧咧，还总是喊着要减肥。青春期女生的身体开始慢慢有线条，苗条的女孩子很容易得到男生的关注和喜欢，胖乎乎的女生就会感觉到危机，想要通过减肥或者一些服饰上的细节美化自己。

◎ 青春期的变化是带有飞跃性质的变化

如果用爬山来比喻孩子的成长之路，在小学阶段，孩子的成长更像从山底到山顶的爬坡，沿着一个方向不断上升。但到了青春期，孩子的成长更像翻山越岭，直接从山的一面翻到另一面，从一座山越到了另一座山。这种变化太过突然，让很多父母措手不及和难以理解。很多父母似乎一夜之间发现，用以往的方式已经完全不能理解自己的孩子了。

◎ 青春期心理变化的主要表现

一是心境的变化。心境是比较微弱而持久、会使人的活动都带有某种情绪色彩的情绪状态。孩子小的时候情绪很简单，他们活蹦

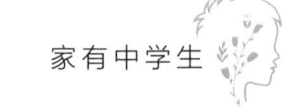

乱跳的，即使有不开心的时候，转眼就忘记了。可是进入青春期后，他们会显得情绪低落，很多时候会无病呻吟，为赋新词强说愁，在父母面前表现得忧郁、心事重重。其实往往没有什么悲伤的事情发生，原因常是他们觉得自己是大人了，如果还一直傻乐，就不像个大人的样子。

二是情绪容易两极化。情绪是一系列的主观感受，强度（情绪的强弱程度）、快感度（愉快或不愉快的程度）、紧张度（从紧张到轻松的程度）和激动度（从激动到平静的程度）等维度上的不同组合构成了各种复杂的情绪。青春期孩子的特点就是，很容易从一个极端走向另一个极端，情绪两极化。

比如，当青春期的孩子被欣赏和赞扬的时候，就会很高兴，这种高兴甚至会有盲目性，会让他们盲目乐观，觉得自己很棒，是个英雄，将来一定会成为了不起的人物。可是如果遇到了困难或者遭受打击，甚至稍微遇到阻碍，这种自信的感觉就消失了，像一个气球被戳破了，顿时觉得自己怎么这么糟糕，做什么都做不好，这一生都完蛋了。所以，在和青春期孩子沟通的时候，要特别关注他们的情绪，尤其是负面情绪，因为父母眼里的小事在他们眼中就是影响整个世界的大事。

三是内心充满了矛盾。青春期的孩子内心充满了矛盾，主要表现为以下几个方面：首先是成人与孩子之矛盾。青春期的孩子会觉得自己是个成人了，对于父母，他们希望能够以平等的姿态对话和相处，比如他们会想："你要是再像对待5岁宝宝那样跟我说话，就休想让我搭理你！"此时父母也发现，这个年龄阶段的孩子的自制力和他们的主观意识并不匹配,会因为各种原因闯祸,并且需要父母去承担责任,做事情时也远没有成年人那样稳重和靠谱。遇到了问题,他们心理上还是会依赖父母,希望父母为他们遮风挡雨,一句"别怕,爸妈都在"就是最大的慰藉和力量,因为他们其实还是个孩子。

其次是开放与闭锁之矛盾。青春期孩子对父母容易表现出封闭的一面,他们不会再像小朋友那样说个不停,什么都告诉父母,此时很多事情都成了"隐私"。比如在日记里写流水账,虽然没有什么大秘密,但会用头发做好标记,防止父母偷看;再比如父母不经允许推门而入,会让他们暴怒,觉得父母侵犯了个人领域。这种封闭在一定程度上也是心理断乳的表现,适当远离父母才是成长的第一步。所谓开放指他们对同伴敞开心灵,会分享特别私密的话题,无话不谈。如果妈妈去看孩子的 QQ 空间,肯定会特别惊讶。如果进入了孩子所在的 QQ 群,也会被孩子谈论感情的事情而气得半死,平时在她面前乖乖的男孩子可能会在群里炫耀:"你们知道吗?我有女朋友,她可漂亮了,她的胸很大……"

最后是成就与挫败之矛盾。青春期孩子充满了能量,有时候他们会觉得自己无所不能,特别有成就感;但是有时候他们又会觉得自己什么都不如别人,感觉被别人碾压,产生挫败感。

烦躁成为青春期孩子情绪的主基调。试想,一个人内心充斥着这么多的矛盾,不烦躁才怪呢!有时候,他们甚至会表现出躁狂的症状,莫名其妙地情绪高涨和行为冲动,很大原因是内心的矛盾情感太多,需要通过这种方式去调整和宣泄。

第二反抗期

◎ 第二反抗期的意义

青春期的叛逆被称为第二反抗期,这是相对第一反抗期而言的。第一反抗期出现在孩子两三岁的时候,这时候孩子会比较调皮,难以管理,开始喜欢说不,他们向父母表达的是,"我和你是两个人,我是作为一个独立的人而存在的"。到了青春期,孩子的第二反抗期的潜台词是,"我长大了,我们是平等的"。这个时候孩子需要长大成人的感觉,以及父母允许他们长大的态度和行为。

然而,很多父母并不会意识到自己正在限制孩子的长大。当孩子感觉到这种限制和不允许时,就会出现逆反的行为。长大的标志是拥有选择权,就是孩子开始可以自己作决定,而不是单向地听从父母的意见和决定。所以,不是每家的孩子到了青春期都会逆反,只有当他们感受到不被允许长大时才会开始逆反,而青春期的逆反有时候像火山爆发一样剧烈,是一场充满硝烟的权利战争。

◎ 青春期的反抗的两种表现形式

青春期的反抗有两种表现形式,分别为硬反抗和软反抗。

硬反抗就是逆反行为,比较常见,也即普遍意义上的"你说东,他偏说西"。只要是父母说的话,孩子就肯定持相反的观点。父母会说"好好学习,考个重点高中",孩子则不以为然,"我就是不喜欢学习,我就想考个职校"。有时候,虽然孩子内心也觉得父母的建议是对的,但是如果他赞同父母的意见,就意味着选择权在父母手中,他就输了。如果这个时候父母和孩子为此争论不休,孩子肯定会坚持到底,哪怕为了反抗而反抗。

软反抗比较隐蔽,原因是孩子会觉得自己根本不可能拥有选择权,甚至觉得往后十年内都不可能拥有选择权。这种没有希望的感觉让他们失去动力,会用一种放弃自己的方式来表达不满。比如,他们轻则表现出没有学习动力,重则隔三岔五地不做作业或者不交作业,或者有一天不想去上学了,再严重点就是患上各种神经官能症或抑郁症,最后甚至不想活了。

◎ 拥有选择权的基础是拥有判断能力

面对孩子的反抗,父母应该意识到,要把选择权交给孩子,不过多干预孩子的选择。让孩子自己选择,路是自己选的,哭着也会走下去。这里一些父母会开始担心,不愿意让孩子自己选择,他们不是不想交出选择权,而是不相信孩子有能力选择正确的方向。

这种担心没有错,因为拥有选择的权利建立在有判断能力的基础上。智慧的父母不是夺取选择权,而是注重培养孩子的判断能力,引导孩子看到事情的利弊,看到问题的实质。如果一个孩子拥有判断能力,他自身就会感觉充满了力量,相信自己的选择,并对此充满把握和自信。很多时候,孩子也不相信自己能够选择一条不后悔的明智之路,他们需要得到引导——由父母帮助分析事物背后的原因,使他们拥有选择的能力,这才是他们最想得到的支持。

青春期孩子的同伴关系

同伴关系是青春期孩子最重要的关系，同伴关系带来的影响有时候几乎是致命的。关于这一点，父母可能并不认同，父母往往觉得孩子的学习更重要，学习差是致命的问题。但事实正好相反，如果一个之前学习还可以的孩子，成绩有所下滑，父母考虑原因的时候首先应该考虑孩子的同伴关系是不是出了问题，比如在学校里是否与同学发生了矛盾和冲突，是否被同伴排挤、欺负，等等。

在这个年龄阶段，父母、老师的评价已经没有那么重要了，孩子会采择来自同伴的信息，通过同伴对他的评价来确定自己是谁，他在同伴中的印象对其行为和发展有很大的影响。为了这些评价和印象，他们什么都可以做，甚至愿意去死。前些年，经常会有关于青少年团伙犯罪的社会事件报道，很多成年人很难理解，觉得团伙中的成员好傻，明知道是不对的事情还要去做。其实成员在很大程度上是迫于团伙对他的影响而去做事情，这种力量特别大，超出成人的想象。因此，父母必须重视孩子的伙伴是谁，多了解他的同伴关系；出现问题时，也必须予以重视。

青春期孩子的异性交往

青春期的孩子身体快速发育，最为突出的就是性器官的发育，随之而来的是第二性征的出现，这个阶段孩子开始格外关注性知识。如果在青春期之前，孩子没有得到较好的性知识教育，他们就会通过各种渠道去自行探索。这一点是符合他们的生理发展特点的，如果一个正处在这个年龄阶段的孩子对性一点都不关注，倒是会令人费解和担心。

不过，很多时候父母并不能理解这一点，对性问题的关注或者异性交往问题往往会成为家庭冲突的导火索。对异性的好感和追求，是这个阶段比较明显的特征。而异性交往失败对孩子的打击是巨大的，父母能做的不是阻止孩子与异性交往，而是合理地引导孩子，教给孩子各种性知识，以及在孩子受伤的时候成为他的后盾。

初中生的异性交往带有模仿的性质，高中生可能会出现真正的恋爱。这两个阶段的恋爱是有差别的，父母也要多观察和区分。

常见的情况是，父母在处理孩子的异性交往的过程中，要么不理解孩子的想法，要么方法有些笨拙，或者根本用错了方法，糟糕的处理反倒使孩子一蹶不振。

青春期孩子的自我同一性发展

自我同一性的发展是青春期最重大的命题。自我同一性是心理学中的一个重要概念，它指人格发展的连续性、成熟性和统合感。

自我同一性发展得好的孩子，其起跑比较早，他们清楚、明确地知道自己是谁，将来想要成为什么样的人，以及能够成为什么样的人，所以会更有目标感和成长的动力。

而自我同一性发展得差的孩子，他们要花费很多时间进行探索，有时候会展现一些人格中比较正面的部分，有时候又会展现人

格中比较负面的部分，表现出来的就是一种不稳定性，走三步退两步。有些孩子找到了自我形象，但却是比较负面的自我形象，可能就会原地踏步，不再向前发展。

出于这个原因，很多父母会觉得，孩子青春期时的表现和青春期之前的表现简直有天壤之别，比如之前很少说话的孩子现在不停地发表演说，之前很开朗、健谈的孩子现在半天不说一句话。父母对这种现象会感觉很吃惊，因为他们不了解孩子内心对于不同自我的探索。如果要了解自己的孩子，其实需要对孩子青春期的发展特征有一定认识，这样才能更好地理解孩子。

第一章

为什么孩子疏远了你

越来越多的父母抱怨走不进孩子的内心,孩子与同伴交流很多,却不愿意与父母说话。其实,疏远是孩子长大的信号。

与父母疏远不需要理由

◎ 孩子的疏远是长大的信号

青春期时的亲子沟通是难度最大的沟通了。父母想知道孩子与自己疏远的原因,但其实根本不需要原因,因为这是孩子必然的发展阶段。孩子觉得自己长大了,认为自己不再需要被父母保护,就会逐渐与父母拉开距离。这样孩子才能有更多的精力去做自己想做的事情,比如寻找有好感的异性,进入一段新的亲密关系。

孩子其实是在用拉开距离的方式宣示自己长大了,不再像以前那样需要父母。所以,疏远在一定程度上就是孩子长大的信号,他想告诉父母:"我长大了!你看到了吗?离开你之后我也会过得很好。"

◎ 父母对疏远的不理解造成了恶性循环

很多时候父母没有看懂孩子的信号,反而会格外黏孩子,从而开启了恶性循环。以下是父母和孩子的心声,以及恶性循环的发展过程。

父母会认为:"之前我们对你的生活和想法了如指掌,现在却什么都不知道,你什么都不告诉我们。为什么会这样?你在躲避我们吗?你有没有做不好的事情?你有什么秘密?"父母产生一连串的疑问。

父母的做法是,不自觉地反复问孩子,甚至会一个问题接着一个问题地发问。

孩子感觉不快,就会用电报语回答父母:"知道了!""好啦!""烦死啦!"

父母深感挫败,甚至感到恐慌,因为他们觉得自己完全控制不了孩子了。现在还没完全长大都这个样子,将来还不知道会如何。

一般是妈妈会特别焦虑,因而试图进一步增强控制感。她不明白孩子为什么会疏远她,甚至会去找孩子的爸爸,和爸爸一起讨论原因,商量用什么方法应对,商量怎样发现孩子的秘密。

这样一来,猫捉老鼠的游戏就开始了。妈妈什么都想知道,但是孩子就是不让她知道,连一些完全可以让妈妈知道的事情都会故意隐瞒,比如中午吃什么之类的日常琐事。

进一步的发展就是彼此不信任,妈妈很快会直接表达"我不相信你",比如:"你拿着手机都干了什么?你不说让我怎么相信你!"

这会迅速引起孩子的反抗,什么事情让妈妈心烦,孩子就会做什么事情,之后就是产生种种行为问题和情绪问题。父母与孩子之间的疏远和矛盾也成了定局。

孩子疏远父母的常见原因

◎ 父母过分关注学习

很多孩子疏远父母,在很大程度上是因为父母过分关注学习。父母跟孩子沟通的时候,说的每句话都能绕到学习上,天天语重心长地叮嘱孩子好好学习。

换位思考一下，如果你是一个孩子，你的妈妈一百句话中有九十九句是关于学习的，你还愿意跟她说话吗？当然不愿意啦！父母说话如果是这种样子，换成谁都不愿意与其对话。

有时候妈妈会千方百计地让孩子按照自己的要求参加一些学习班，会反反复复跟孩子说，学习班多么有价值，是费了很多心思才打听到的。孩子听得特别烦，因为进入初中后，孩子有自己的想法，对补习班的需求也具有很强的自主性。比如有些孩子会特别想去补习班，而有的孩子在这个阶段就是不想参加补习班。面对后者，父母一般会揪住孩子谈这个问题，结果往往适得其反。

◎ 过多的束缚

父母总是告诫孩子：你不能谈恋爱；你不能学习不认真；你不能……

孩子听到这些告诫，心里会很不开心。因为父母的告诫提到的事往往是他们很可能会做或向往的事情，而一旦他答应了，就不能做这些事情了。他怎么会情愿？和父母争吵后果更严重，所以对于孩子，明智的选择就是不说话，不与父母对话，结果就是疏远父母。

其实，很多时候父母担心的是做这些事情的后果，要与孩子说清楚这些。一味禁止只会因小失大，不知不觉中让孩子远离你。

◎ 当下家庭结构的失衡

夫妻关系要比亲子关系更重要，但是在婚姻中，尤其是母亲，很容易将重心放在孩子身上，从而导致家庭结构的失衡，即母亲的情感过度指向孩子，几乎缠住孩子。这样的妈妈一般会不断告诉别人，自己的孩子多么不自觉，没有她的管束就会完蛋，实际上这只是缠住孩子的借口——不是孩子不自觉，而是妈妈从来不愿意给他这样的机会。孩子和妈妈的情感是相通的，他们能本能地感受到妈妈的情绪，他们一直都能够感受到这种情感缠绕导致的束缚感，只是有些孩子甚至主动愿意为妈妈牺牲，通过情感依恋关系照顾妈妈的情绪。可是当孩子进入青春期，他的心里开始出现另一个女孩子，想要和对方交往，势必就会疏远妈妈。

所以父母要反思，对孩子的关爱有多少是为了自己，有多少是为了孩子。对孩子成熟的爱是看着孩子慢慢长大的背影，在身后默默支持他们。

疏远不可怕，可怕的是父母的不自知。

容易产生沟通屏障的父母类型

◎ 保姆型（服务型）父母

保姆型父母也称服务型父母，他们会替代孩子做很多事情，甚至把孩子应该自己承担的任务都承担了。比如，孩子在学校发生的事情，他们也会找老师解决。这种保姆型父母所做的事不限于包揽家务活，他们更像孩子的跟班——孩子像少爷或小姐一样享受着各种服务和优待，父母像忠心的仆人一样跟在孩子身后。

在这种情况下,孩子内心的想法是把父母甩开,因为父母跟在身后他们很不自在,让他们自由自主的东西没有了。比如,他们不能和同伴肆无忌惮地玩耍和相处了,自己和同伴都要警惕父母的阻拦和想法。所以到了青春期,孩子就会疏远父母。

◎ 甩手型父母

甩手型父母往往比较忙,比如自己做生意,很少有时间关注孩子。孩子会交给保姆或爷爷奶奶、外公外婆照管,父母只看看是不是有吃有喝,很少关注别的东西。

到了青春期,这样的父母会得到一个做什么都没有动力的孩子,因为孩子的内心感受是父母的工作很重要,他在父母心中是不重要的。既然孩子在父母心中是不重要的,又干嘛要求孩子呢?这样的孩子不会遵从父母的要求,连父母说什么,他们都不会听。

◎ 担忧型父母

这样的父母总是觉得孩子将来肯定会出现问题。比如孩子现在学习不投入,中考成绩会很差,进而高考成绩差,不能进入理想的学校,将来就没有好的发展;听说孩子有个很要好的女同学,就担心孩子谈恋爱了,学习肯定要完蛋了。他们总是有负面的、消极的担忧,孩子身上的一点风吹草动,他们都觉得会导致坏结果。

这样的父母其实在不断地给孩子负面的心理能量,传达给孩子的潜台词是,"我是不看好你的,我对你的未来很担忧"。这是一种消极的暗示，带来很多恶果，长此以往，孩子就会往父母担忧的方向发展，验证父母的担心。所以，这种担心在某种程度上就是一种诅咒。

◎ 比较型父母

比较型父母总是觉得自己的孩子没有亲戚、朋友的孩子优秀，没有邻居的孩子乖巧。其实父母的这种经常性的比较，是其潜意识里自己比不上别人，处处都比不过朋友、亲戚、同事的现实反映。他们对自己不满意，但将这种不满意转变为对孩子表现的各种比较。

这种态度导致的结果是，长他人志气，灭自己威风。孩子很害怕父母的比较，他很难让父母永远满意，因而对这样的父母避之不及。其实，旁观者知道的都是表面的情况，别人家的孩子到底怎么样，只有当事人知道。

捕风捉影地根据不靠谱的印象去批评和比较自己的孩子，会将自己的孩子推开。不管别人的孩子是怎样的情况，比较型父母在比较的时候就注定了其亲子关系的恶化。

◎ 控制型父母

控制型父母比较强势，尤其是母亲，要全面参与孩子的生活，每个成长细节都要关注。比如孩子出趟门，母亲需要了解孩子去哪里，跟谁在一起，身上有多少钱，有没有女同学参加活动，等等。

请记住：哪里有控制，哪里就有反抗。等孩子到了青春期，就

意味着一场大战将要爆发。强势的母亲在孩子上小学的时候很得意，因为她将什么都控制得很好，孩子什么时候做什么事情，都由她说了算。可是等孩子上了初中，她的日子就难过了，因为孩子开始反抗了。不管是硬反抗还是软反抗，孩子一定会试图摆脱母亲的控制。很多时候，这样的母亲会觉得自己能力很强，她们常常在实际工作中也是管理者，会认为自己肯定可以控制孩子。但是孩子和员工不一样，和孩子争夺权力，父母是一定会输的。

父母在这场战争中若是获胜，就会在未来迎来巨大的失败。孩子会出现各种问题，比如患了抑郁症，想死；沉默避世，不再出门，最终让父母输得一败涂地。

这场战争中，父母的失败才是真正的胜利。

◎ 挑剔型父母

挑剔型父母总是很难讨好，无论是大事还是小事，总觉得孩子没做好。其实，最根本的原因是，这样的父母在成长过程中也很少得到其父母的赞赏，他们自己没有体会过欣赏的力量，等有孩子之后，也做不到欣赏自己的孩子，而会指责孩子。比如，孩子怎么又没盖好茶杯，没放好拖鞋，衣服丢得到处都是……

在这样的人旁边，孩子会很紧张；长期的紧张就会让他感到压抑，到了青春期，就会大爆发。有时候我们会看到孩子和父母打了起来，陷入这种情形的父母往往是挑剔型父母——面对他们事无巨细的挑剔，孩子终于压制不住自己的愤怒了。

◎ 唠叨型父母

唠叨型父母会不停地说话，重复很多遍。这类父母往往自己头脑不清楚，逻辑不清晰，讲的东西没有条理，所以要一遍遍地表达。当他们觉察到孩子情绪上不接受，就会再说一遍，然后重复下去。因为并无逻辑，别人不知道怎么接受他的话。往往讲了很长一段话，听起来却没有中心。

这种类型的父母说话之前要先思考，在表达之前静下心来，梳理自己的思绪。比如到底要讲什么，如果要提出一个要求，就要想怎么把这个要求讲清楚，孩子怎样达到要求，父母有什么方法？如果你的孩子觉得你唠叨了，一定要把这些想清楚之后，再跟孩子说话。

◎ 自以为是型父母

自以为是型父母往往事业很成功，人生经验很丰富，他们喜欢聊天，很想教育孩子，就像教导主任一样，希望把经验传递给孩子，让孩子少走弯路。

对于这样的父母，需要考虑的是，父母的经验不一定有用。在现在生活快速变化的情况下，十年前的经验都没有用了，更别提父母和孩子是在不同时代长大的，父母的经验可能跟不上时代的发展。

同时，父母总结出来的经验是固定的，但是孩子是动态发展的，而且环境一直在变化，所以这些经验他们不能拿来直接用，也没有变通的能力。他们毕竟是孩子，还远没有成长到可以变通的阶段，过多的经验反倒会害了孩子，比如我们会看到父母越有经验，孩子就越幼稚，什么事情都做不成。

人生的经验是通过体验获得的，是不可能被直接教导出来的。因为每个人的生长环境不同，人生的诉求不同，发展的要求不同，最重要的是，每个人的个性特征不同。同样的方法对有些人管用，因为它符合这些人的个性特征，但对另一些人可能就完全不管用。

比如，一个攻击性很强的妈妈告诉孩子："这种事情不用怕，你就跟他说……"但这个孩子的个性偏保守，他根本做不出来，妈妈的话就完全没用。

只有符合孩子个性的方法才对孩子有用，孩子也才能应用得当，否则就是有害的方法，他们即使采用这些方法，也会显得笨拙。

到了青春期，父母越要教育孩子，孩子就越躲避，这必然导致与父母的疏远。

第二章

如何与青春期孩子沟通

与青春期孩子相处时,父母要少说话,多倾听,要减少对孩子的担心和防范,多和孩子谈谈自己的心路历程。

与青春期男孩的沟通

到了青春期，尤其是当男孩的身高超过父亲的时候，他们会觉得自己不再是被保护的对象了，他们要表现出大人的一面，会寻求展现自己已经成熟的方式——不与父母说话也是一种方式，所以他们会尽可能地不跟父母说私人的事情。

父母跟青春期的孩子沟通的时候，少言是很重要的。当孩子不跟父母说话，父母最好也不要主动说太多。即使有时候他们主动找父母说话了，父母也要心里清楚，孩子很多时候是来提要求的，比如"妈妈，我要做一件事，你给我拿点钱"。即使遇到困难，很多男孩也不说，因为他们觉得自己可以挺住。

一旦孩子跟父母说话了，父母就要认真倾听，如果打断他，对话很快就会停止，再让他打开心扉就不容易了。父母要用受宠若惊的态度去倾听，当孩子说得舒畅了，内心的想法就会流露出来。

青春期的男孩，沟通的对象主要是妈妈，是比较回避爸爸的，因为爸爸会教训他，跟他讲道理。从心理角度来说，男孩和父亲是竞争对象。

妈妈跟青春期男孩沟通的时候，要避免讲很琐碎的事情，比如"跟谁一起做什么""吃了什么""用了多少钱"之类的鸡毛蒜皮的事，因为男孩对这些完全不感兴趣，很讨厌这些内容。

男孩需要的是一个能够跟得上他们的喜好的妈妈，比如火星的开发、某个游戏的发展等天南海北的事情。但是妈妈一听到孩子说起这类话题，就训斥他："快去做功课，别想这些没用的事情！"

妈妈这样做会把孩子说话的意愿一下子堵回去，又何必怪孩子不跟自己沟通？！

与青春期女孩的沟通

如果身处一个和谐的家庭中，青春期女孩与爸爸妈妈都能沟通，这一点比青春期男孩更容易应对。

爸爸和女孩沟通时要避免过多提醒和防范，尤其是早恋这件事。爸爸总是比较防范，生怕女儿吃亏，但若过分小心，女孩就会慢慢减少和爸爸的沟通。这是爸爸和女儿沟通的一个误区，需要爸爸注意这一点。

妈妈跟女儿的沟通本来很畅通，但如果妈妈说一百句话都绕到学习上，女儿就会很厌烦。

另外，妈妈跟青春期女儿沟通时，要避免说一些"鬼鬼祟祟"的事情，即过多探究女儿在群体中是如何生存的，比如："你现在怎么跟这个人要好？为什么跟之前的那个人不要好了？是不是吃亏了，她对你做了什么事？"这种沟通看起来很亲密，可是会对女孩的性格发展产生坏的影响，她可能会变得敏感多疑和猜忌，心胸狭隘，在人群中会优先捕捉他人发出的负面信号。如果察觉到很多负面信号，就容易回避人群。在咨询中，常遇到这样的高中女生，她们回避人群，甚至想退学，咨询师发现她们背后往往有这样一个"鬼鬼祟祟"的妈妈。孩子和妈妈很多时候是潜意识连通的，这样的妈妈投射给孩子太多的负面信息。

这种时候，妈妈可以和青春期女儿说说自己的成长历程，尤其是自己青春期时候的一些经历、感受以及后来的发展，比如自己曾喜欢什么样的男孩，怎么内心忐忑不安，等等。这样的谈话会让女儿和母亲产生亲密感，会感叹人生这么精彩，在同样的年龄她和母亲有同样的经历，这就是生命的神奇和传承。

青春期孩子反抗权威、对抗规则

◎ 当代孩子对权威的认同弱化

相比现在的父母，当代孩子对权威的认同感并不强。因为随着社会的发展，获取知识的途径越来越多，孩子能够更容易地获取信息，对权威的依赖并不那么强。在之前的年代，老师就是知识的象征，如果父母本身文化水平较低，孩子就可能将目光转向日日接触的老师，内心会对老师有更多的尊重。但是当代网络与资讯的发达促使孩子们心智早熟，很多问题他们比父母了解得更透彻。整个社会对待专家的态度也从盲从变得更为理性，"砖家"的称呼就可以使人直观地感受到这一变化，孩子受此影响，对权威的认同不断弱化。

◎ 哪里有权威，哪里就有反抗

孩子心中的权威意识淡化，进入青春期后，更容易通过反抗来展现自己的成长。这个时候，如果有人在他们面前充当权威，势必会带来反抗。

青春期孩子反抗的权威通常有以下两种：一是学校中的权威，代表人物是教导主任。

中学生已经不像小学生那样尊重教师，小学生会以"老师说"作为准则，中学生则更多地集体吐槽老师。老师的一些行为习惯、个人素质、教学方法，甚至包括外貌，统统可以成为学生评价的对象、吐槽的内容。因为不喜欢老师而发生的厌学或者故意捣乱的行为在这一阶段也特别普遍。

学校中的教导主任是一个很被学生诟病的角色，甚至是广泛意义上的公敌，学生总觉得教导主任各种找事和无理管束学生。但是问题在于，学校作为学生学习和生活的场所，必然需要规则以方便管理。这个年龄阶段的孩子往往具有"愤青"的特质，不太会主动思考规则设置的必要性和合理性，甚至会为了反抗而反抗。凡是学校的管束，他们都要反抗；或者"你是权威，我就要反抗"。当然，还有一些孩子（虽然比较少）会成为另一类与之相反的人——他们盲目服从，不敢甚至不想违反任何规则，表现得懦弱和胆小，过分害怕惩罚。

如果遇到这种情况，父母需要冷静，坐下来跟孩子谈谈，让孩子换位思考——如果他是校长或者教导主任，他会怎样管理有几千人的学校。这样孩子才有机会去思考，意识到设置规则的初衷和利弊。如果父母采用接纳、鼓励的方式，孩子甚至会为如何管理学校出谋划策，这样的孩子就会变得通情达理。

二是家庭中的权威，比如爸爸或者妈妈。

到了青春期，父母是时候开始和孩子做平等的朋友了，甚至偶

尔要在孩子面前示弱了。尤其当孩子的个头超过爸爸的时候,爸爸就不能把他当孩子看待了。这时候如果父母还想当权威,孩子一定会反抗。

明明父母讲的是对的,孩子就是不听。举一个最简单的例子:如果父母不断说"上课不要迟到",可能在父母心里这是一种提醒,但是在孩子看来这就是一个规则,那他很可能早上不愿意起来,上学之前磨磨蹭蹭,故意迟到给父母看。这样就意味着父母并不权威,孩子就把父母的权威感打破了。

我曾遇到过四个很典型的爸爸,都是充当权威但失败的例子:

一个是集团老总,在集团内指挥千军万马,在孩子面前是绝对权威;

一个是大学教授,提出了很多精彩的理论,孩子讲什么都会被反对和批评;

一个是大企业的党委书记,在家里苦口婆心,但一点用都没有;

一个是资深工程师,拥有很高的社会成就,但是孩子从来不跟他讲话。

这四个爸爸在不同领域都是权威,他们孩子的问题则如出一辙。

这四个孩子有两个是高中生,两个是大学生,他们的问题都表现为学习没有动力,成绩一塌糊涂,和爸爸的关系很冷淡,甚至糟糕至极。

这些爸爸很纳闷,想不通为什么会这样。原因就是他们在孩子面前树立自己权威的形象,在他们面前,孩子就像头顶上压着一块水泥板,哪来的成长动力?"你是成功人士?我让你看看你的家庭教育有多失败!"对于这类孩子,自己不失败怎么能挫败父亲的骄傲?

父母要记住,社会和家庭是不一样的。不管父母在外边扮演什么角色,拥有什么地位,在家里请只做父母,不做权威。权威的那一套对青春期孩子没有用,甚至会带来强烈的反抗,导致两败俱伤。

青春期孩子容易与成人唱反调

很多父母觉得孩子进入青春期后开始唱反调和顶嘴,还总是挑刺和讲歪理,让父母觉得头疼和不受尊重,矛盾也一触即发。这代表了什么呢?这代表孩子长大了,在表达情绪;或者父母不得不承认,自己可能真的错了。唱反调还暗示着:"我长大了,请尊重我的发言权!"

◎ 青春期孩子唱反调是普遍特征

青春期孩子唱反调的行为背后有他们的心理发展需求,也可能源自情绪影响;当然,父母的道理也并不是真理。这三种原因各占一定比例,只有找准了原因,才能更有针对性地应对问题。

一是因为长大而唱反调。唱反调又称逆反,孩子进入青春期后

自我意识开始快速发展,认为自己是大人了。他们采用的方式就是唱反调,比如,父母觉得做某件事情很有价值,孩子就是觉得没价值;父母想要带孩子去南方旅游,孩子偏要去北方旅游,当父母说去北方旅游吧,孩子又要去国外旅游。其实孩子是想通过相反的行为来表达他们是有选择能力的,有能力做不一样的选择,拥有决定的权利。实际上符合他们表达自己长大了的心理需求,因为他要成为一个有主见、有能力的大人,这是他展示的姿态。可是父母往往只看到孩子处处跟自己作对,总是意见不一致,觉得孩子的想法难以理解,认为自己不被尊重。

二是因情绪原因唱反调。当我们有情绪的时候,理智就会比较薄弱,难以控制行动。因情绪原因唱反调的孩子,往往是因为一些事情不开心了,所以也没有心思去听父母说的话。比如他想买一双运动鞋,可是跟父母说了很久,还是被拒绝了。他很生气,哪里还管父母说了什么?自然是什么都不听,通过这种方式和父母怄气,惩罚父母,让父母也不好受。就像父母在公司里,如果得罪了某位同事,他可能会各种刁难。所以孩子不讲理的时候,父母要反思:你与孩子之间发生不开心的事情了吗?是不是最近出现了其他冲突事件,孩子还在气头上,没有平复情绪?最好等孩子情绪好转后,再与他谈。

三是父母的观点本身就不对。很多时候父母觉得孩子在顶嘴,可是父母有没有想过,自己讲的就都是对的吗?有时候父母的确是强词夺理,倚老卖老。孩子进入青春期后,开始重视自己的理解力和观察力,他们能够分辨父母讲的内容是否合理。最常见的就是父母对一些新兴事物一知半解或有刻板印象，观念很保守、落后，甚至有些愚昧，孩子自然不会听从父母的意见。比如电竞行业，很多父母认为这是吃青春饭，会把身体搞垮，还不一定成功。但孩子就不这样想，他们通过网络知道了太多成功的案例，认为打游戏可以提高专注力和意志品质，电竞行业的人有很多好的品质，在一些方面很突出，进而宣言自己将来也要进入这个行业。

父母听到孩子的话会很生气，认为孩子执迷不悟，生怕孩子未来真的这样做。父母甚至会因他们的争论寻找专业的咨询师，问咨询师孩子的想法是不是很偏激和幼稚。

现在有特别多的新型行业出现，层出不穷的行业让父母也摸不着头脑。作为过去世界中的人，父母其实对这些行业并不理解。比如网红这个行业，很多成年人并不了解。如果父母极端反对，认为这些职业一文不值，孩子从公平、正义的角度也会为这些职业辩驳和发声。时间久了，孩子会觉得与父母无话可谈，开始"无语"了。

◎ 父母要区别对待孩子的"不听话"

如果孩子是通过唱反调告诉父母自己长大了，父母要做的就是主动给予孩子选择权。即遇到事情的时候，不要急着告诉孩子该怎么做，而是让孩子去表达可以怎么做，并从中作出选择。父母明智的表达方式为：父母的想法只是建议，最终怎么选择由孩子决定。父母一旦采用这种态度，孩子就不会为了反抗而故意选择错误、愚蠢的解决方式。这样的父母要相信，如果不过分期待和强迫，这个年龄的孩子已经有足够的心智去区分哪些是好的,哪些是不利的。

如果父母判断孩子是在闹情绪,应对策略就是重新处理父母与孩子的关系。怎么搞好和孩子的关系?父母可以想想自己是怎么和同事搞好关系的,就知道该怎么做了。

有时候很奇怪,父母会主动和家庭以外的任何人搞好关系,但却会忘记和自己的孩子好好相处。父母可能会认为孩子是自己生的,这种血缘关系是不会断的,无需像对待外人一样去精心维护关系。这实际上是一种没有边界感的表现,会让孩子成为父母的附属品,这种理所当然的态度对孩子的伤害甚至比外人对孩子的伤害更严重,孩子会离父母更远。

如果是父母自己的观点不正确,父母要冷静下来,克服自己的虚荣心和自尊心,承认自己的错误。这当然很难,尤其是在中国传统文化的语境下,父母很难做到承认自己也会犯错误。父母如果不服气,可以去找第三方,把彼此的观点告诉第三方,让他们评判谁的观点正确。如果第三方也认为父母错了,而父母还不让孩子说出反对意见,那就真的是专制型父母了。专制型父母的亲子关系,从来都是搞不好的。

青春期孩子常脾气很大,说话伤人

有些青春期的孩子就像火药桶,话不投机时一点就炸,说话很伤人,让父母很头疼。脾气暴躁、说话伤人有不同的原因,可能是孩子很要强，攻击性很强，也可能是其情绪管理能力弱，或者他压抑了太多负面情绪，从而在某个时刻情绪大爆发。

◎ 个性原因导致的攻击性强

脾气大，说话伤人，有些是因为孩子个性的原因。这种个性的孩子在遇到刺激性事件的时候，尤其是面对一些攻击性情境时，会条件反射性地做出反击，很难主动适应这类事件与情境。他们很少会等一等，想一想该怎么办。

还有些孩子实际上不能辨别攻击信号。比如别人开玩笑叫他小胖子，可能并没有真正的恶意，但他的反应特别强烈，觉得自己被侮辱了，大发脾气。这其实就是情绪控制能力发展得较差，也就是常说的情商低，表现为相关神经功能发育低下。在幼儿园里常会看到这样的孩子，他早上被小朋友踩了一脚，等到晚上离园的时候，还一定要踩回去，一整天都没有释怀。情商高的孩子会自己调整情绪，比如会体察对方的情绪，是不是对方今天情绪差才做了让他不快的事；或者有些孩子会学会先放下自己的情绪，以后再找机会去处理。情绪管理能力差的孩子很难这样做，他们的与情绪控制相关的神经功能差，很难适度反应，往往会大爆发，这样才能将情绪发泄出来，最终他们是舒服了，但是其他人受伤了，人际关系也很难修复。

父母陪伴着孩子长大，可以近距离观察孩子的表现，如果他从小到大就是这样子，很有可能暴躁易怒就是孩子的个性。

常言道"江山易改，本性难移"，说的就是个性具有稳定性。

如果让这类孩子改变天性,孩子会很难做到,这就需要周围的人给予他更多的接纳和包容,尤其是父母,说话要婉转,以柔克刚,千万不能针尖对麦芒。

如果父母说话注意些,并且主动观察孩子的反应,及时澄清自己的本意,孩子自然不会被激惹。父母的做法也是一种很好的示范,比如"我的意思是这样的,不是那样的",让孩子有更多体察对方真正含义的机会,潜移默化之下,孩子也会培养出冷静、耐心的一面。

◎ 情绪压抑后的大爆发

有一些孩子并不是天性暴躁易怒,而是情绪过于压抑,之后才大发脾气。有几类孩子会常处于此状态:

一是被过度关注的孩子。比如家庭其他成员过度关注孩子,父母、祖父母,四个成年人盯着一个孩子,时时关注孩子,孩子没有私密空间,被烦得要死。这类孩子在家里脾气也特别差,像一个被宠坏的公主或王子,但其实他们并不开心,因为过多的关注挤压了成长的空间,让他们很愤怒。

二是被烦透的孩子。如果父母,尤其是妈妈很唠叨,同一件事情不停地说,说了10分钟还没有停止,孩子就会很无语,会引发摔东西、逃出门去之类的抗议行为。孩子要反击父母,就容易走极端,他们会选择最狠的话,一招致命,让父母闭嘴,或让父母无地自容。这些孩子往往情绪压抑,积累了一段时间后大爆发,所以平时他们并不会经常说让人伤心的话,更常通过摔东西、大喊等方式表达愤怒。一旦他们开口，就很伤人。在咨询中经常会遇到流眼泪的父母，孩子的一句"你们去死"让他们心寒不已。可是孩子也很无奈，孩子会说："当时我都有打开窗户跳下去的冲动了，只对他们说这句话已经不容易了！"

此外，我曾遇到父母询问，有些孩子的攻击性强是不是与他们正处于生理剧烈发展期，体内的激素比较旺盛有关？青春期是个体生命能量最强的时期，相对而言攻击欲望也会很强，需要很多对抗性的运动去释放这种欲望。如果需要得不到满足，比如没有足够的运动量，就会通过发脾气的方式释放攻击欲望。但是这种情况比较少见，只出现在个别生命能量特别强的孩子身上。

如何让青春期孩子接受父母的批评和惩劝

青春期的孩子依然未成年，会犯各种错误，父母如何批评和惩劝呢？要点是区分批评和辱骂，正确的批评会让孩子成长，但辱骂只会让孩子怨恨父母。批评还需要学会正确的方法，并及时对孩子后续的正确做法作出反馈。惩劝则一定要让孩子心服口服，要事先与孩子约定好实施条件与原则。

◎ 如何正确批评

在讲如何批评之前，父母首先要搞懂什么是批评，因为太多父母会把辱骂误认为批评。孩子不是被批评了但不改正，而是父母用错了批评的方式。

辱骂是通过一件事去否定一个人。经常听到父母骂孩子:"你还能做好什么事情?!像你这种人,长大了肯定没有出息!"父母在说这样的话的时候,用语是很恶毒的,其实已经不是在就事论事,而是无限放大和上纲上线,结果只能是孩子恨父母,或者不理父母。

父母用辱骂的方式对待孩子也很容易上瘾,不断重复,使孩子接收到很多负面的暗示。父母经常这样羞辱孩子,却又觉得孩子从来没有变化,就陷入恶性循环中。

辱骂只能带来麻木不仁,真正的批评是不会导致这样的结果的。试想,你把一个人的自尊心碾碎,对方不通过"感受不到"的方式来保护自己,难道还要作出一副欢迎的样子吗?!

正确的批评是不仅指出孩子哪里做错了,而且告诉孩子怎么做是正确的,对孩子后续的行为还要及时反馈。举个例子:

情境:孩子作业没做完就去睡觉了。

辱骂:"怎么没做完作业就睡了?自己的事情没做完,一点都没有责任心,将来我怎么能指望上你?!"

批评示范:"你作业没做完就睡了,肯定是累了吧?你看这样好不好,我在备忘录上给你标明'因为太累了,没有完成作业,明天会抽时间补上'。你把备忘录拿给老师看,之后补上了再告诉老师,相信老师会理解的。"

孩子知道了该怎么做,第二天补好作业,父母与孩子都会很开心。过了几天,他又想早睡了,就会主动把备忘录拿给妈妈,"妈妈帮我签一下字,我明天补上"。这样做孩子的行为就得到了纠正。即使偶尔还会出现因为睡觉而延迟做作业的情况,也并不要紧,起码孩子的责任意识是很明确的。

再举个例子:

情境:孩子洗过的碗上还是有很多油。

辱骂:"洗个碗都洗不好,学习也不好,你还能干什么事!"

批评示范:"碗上还有油,油碗需要用热水和洗洁精来洗,你是不是用冷水洗的?拿回去再洗洗吧。"

即使孩子有些不情愿,之后也知道该怎么洗碗了。当他洗好碗,父母和孩子都会开心。

◎ 如何正确惩劝

对于青春期的孩子,奖励和惩罚很多时候已经没有效果,因为他们不像小孩子那样容易诱哄和震慑了,已经不吃这一套了。

如果父母要惩罚孩子,就要提前预告,最好定个合约,让孩子知道,如果他做不到某件事情,就要受惩罚。这个合约是共同商定的,是彼此同意的,是有时效的,这样做孩子才能心服口服。

平时父母惩劝孩子的一个误区是，突然有一天父母想起某件事，觉得孩子做得不对，看不下去，那就惩罚一下吧！这种随心所欲的惩罚可能招致仇恨，而不是改正错误行为。

举个例子：

情境：共同商讨玩游戏的时间限制。

做法：提前与孩子商定玩游戏的时间，达成一致意见后，制定明确的时间限制，比如周六可以玩一小时，周日可以玩两小时。写明违反约定会采用的惩罚方式，例如，如果超出了限制，就要在接下来的两周内把手机、iPad之类的电子设备上交，父母会拿到公司去，两周时间结束后才能返还。

约定好后，孩子要在上面签字，表明自己认可这个协议，如果违约会接受既定的惩罚方案。

这样做即使孩子会不开心，也会心服口服，相信两周之后，他会清楚地知道自己该怎么做。

孩子为何不愿与父母谈话

进入青春期后，有些孩子对父母的话不理睬，即使回复也都是短句或单词，就像电报一样。回避沟通的原因往往是，父母选择的话题和内容与孩子的需要不匹配。到了青春期，与孩子沟通的难度会提高，父母要有心理上的准备。

◎ 拒绝与父母谈话的原因

孩子为什么把父母的话当耳旁风,左耳朵进,右耳朵出?最根本的原因是,这些不是他要听的,对他没有用;在他看来,父母的有些话甚至文不对题。

举个例子:

妈妈:动漫展马上要开幕了,你可不要参加啊!那些人花了那么多钱,买了一堆乱七八糟的东西,穿的人不人鬼不鬼的。

孩子表面上保持沉默,没有拒绝,但是心里想:"原来动漫展要开始了,赶紧买票去!"

父母和孩子的需求差别这么大,关注点完全不一样,他怎么能真心答应妈妈呢?一答应不就不能去了嘛!如果后面要去参加动漫展,肯定免不了与妈妈吵架,所以先敷衍过去,之后该怎么做还怎么做。

再举个例子:

妈妈:"好好努力,争取考试成绩排名前进三四名。"
孩子:"我在努力,人家也在努力啊!哪有那么容易!"

父母最想谈论的是学习。不管说什么话,最后都能绕到学习

上。孩子最想谈的是游戏和让他高兴的事情。学习已经很累了,想聊些轻松的话题;而且,有时候孩子会觉得,父母的一些要求是站着说话不腰疼,根本没有考虑难度和可行性。

孩子拒绝与父母交流的另一个常见原因是,父母和孩子说的话不在一个频道上。举个例子:

孩子:"停停停,你都讲了 N 遍了!"
父母:"你也知道我讲了这么多遍啦,那你还这样?"

孩子感受到的是唠叨,明确叫停;父母关注的是行为改变,并且认为自己唠叨得还不够,因为孩子还没有改变,所以不仅不停止,还会想出新的理由继续唠叨。这种情况下,父母总是拿出浑身解数试图说服孩子,而孩子烦不胜烦,已经关上了沟通的大门。有些父母在日常生活中,或者在自己的工作单位,从来没有机会真的说服别人,所以在家中面对孩子的时候,就特别需要孩子听从自己的意见。父母的生活归父母,孩子的生活要还给孩子。

此外,时代变了,环境不一样了,有时候父母讲的东西没用,孩子也不愿意听。

父母生活在社会中,孩子生活在学校里,两者是很不一样的环境。父母不在孩子的生活现场,却要指导孩子,给出的建议往往没有用,孩子不照着父母的方法做还会挨批评。这样下去,孩子肯定觉得最好不要让父母知道自己的事情,回避沟通。

比如,父母对孩子说:"你们王老师脾气就是差,你见到他之后要乖一些，态度好一些……"

可是孩子躲还来不及，怎么会去主动示好？即使想要示好，可能做了一半，又因莫名其妙的原因被大骂了一顿。

青春期的孩子为什么不愿意和父母沟通呢？因为他们对父母总有一个印象——"不管我讲什么，他们都不理解我"。有了这种预期后，再坐下来沟通就是浪费时间，能表面上敷衍过去就好。所以他们会对父母说"对""好"，期待快速逃离父母的长篇大论。

◎ 怎样才能做聪明的父母

当孩子进入青春期，作为父母首先要有心理预期，知道孩子不会像以前那样什么都听父母的安排了，这样的日子一去不复返了。孩子的自主性会越来越显露出来，父母和孩子的沟通方式要有所改变和调整。有了这种预期，就会更坦然地面对孩子的疏远和其他具有普遍性的现象，过分焦虑和控制反倒会激化问题。

根本性原则是把孩子当朋友。孩子要发展自己的自主性，就需要父母平等对待他。和之前的管束相比，这个时候父母要尝试做孩子的朋友，理解他们的需求。如果父母实在做不到，这里有一个小技巧：

假设大学刚毕业的小王加入了你所在的公司，你作为经验丰富的职场人，负责引领他胜任工作岗位，此刻你会怎么做？

在他表达迷茫的时候，你会认真倾听；在他一遍遍做错的时候，你会非常耐心；在你提意见的时候，你会婉转表达。

相应地，小王提起你也会非常尊重，会主动询问你的意见，会很喜欢跟你一起讨论问题。他会认定你就是他的良师益友。

拿出对待小王的态度，用这种方式对待孩子就对了。

孩子为何切断与父母的沟通

有时候青春期孩子会切断和父母的沟通，封闭自我，常见的方式就是把自己关在房间里。

我在咨询中会经常遇到这样的孩子：他们一回到家就进入自己的房间，关上甚至反锁上门。除了去卫生间和吃饭，其他时候不出来。吃饭的时候，孩子也会低头不说话，很快吃完后又进入了房间。

父母会感觉特别难受，因为孩子基本不和他们交流。不管他们多想了解孩子，孩子也不给他们机会。这种封闭会让父母很恼火、伤心，似乎家就是孩子的旅馆，他们就像服务员一样，也感觉不到孩子对父母的感激，形同陌路。这种感觉让父母心凉，觉得孩子是"白眼狼"，不知感恩，不懂得父母的付出，内心充满了愤怒。

其实，这种情况下，孩子的内心并不愉快。没有任何一个孩子愿意这样做，他们行为的背后藏着压抑很深、很久的感情冲突。也就是说，他们往往是被逼成为这个样子，回避只是他们想到的最有效的方法，以保护自己不受到更大的伤害。

当孩子封闭自我时，父母首先要弄明白原因，才能有针对性地解决此问题。对于已经拒绝沟通的孩子，父母只能先从自己身上找原因。常见的原因有以下几种。

◎ 沟通内容不符合孩子的期待

很多孩子表示，父母一开口，往往不是指责就是监督，甚至是拷问，而且总是围绕着学习和考试——"作业做完了吗？""考试怎么样？"——这类问题让孩子无言以对，也让他们听得耳朵长茧，是他们努力要回避的压力来源。关上门对他们来说是立见成效的方法，因为至少减少了父母的侵扰。

如果孩子关上门是因为沟通内容出了问题，父母要做的是调整自己的心态，更贴近孩子的感受。大部分父母不开口则已，一开口就像个老师，只讲道理，缺少情感互动。

父母可以向这方面做得比较好的人请教，他们做了什么让孩子对他们敞开心扉。相信父母会发现自己的态度、语言、表达方式等方面的不妥之处。

◎ 青春期孩子的隐私感增强

孩子长大了，自我意识会更强，有了自己的圈子、兴趣和观点，随之而来的是独立感和边界感。一般来说，房间是孩子独立的领地，是他们独立的空间。关上门，会营造出一个独立的私密空

间，他们可以不被打扰，能够自在地安排自己的生活与学习。

对于青春期孩子，适当的距离可以增强安全感，他们尤其害怕被窥视。青春期孩子处于从儿童到成人的过渡时期，他们想要长大，窥视和监管的态度会让他们觉得父母还把自己当小孩看，而且自我意识会被父母的意识吞没，感受不到自己的存在。同时，现实的情况是，他们确实有很多自己要做的事情，不想被父母知道。

如果孩子拒绝沟通是成长边界问题，父母就需要尊重孩子的隐私和独立权。请放心，如果孩子真的需要父母的帮忙，或者等到他们成长到对父母这一角色有更多理解的时候，他们会主动地跟父母靠近的。过度关注只会让他们感到窒息和压抑，就像养花太频繁浇水，花儿反而会萎靡不振。

◎ 孩子处于情绪修复期，需要独处

孩子也有自己的圈子和各种烦恼。有些孩子在外面遇到了一些事情，他们会感觉受伤了，表现为情绪上的低落或烦闷，这时候他们需要一个人静静疗伤，所以会关上门去梳理自己的情感。

这个时候父母会着急，认为有问题应该找父母协助解决。其实，每个人都有自己要独立面对的生命课题，别人无法代替。同样重要的是，一般这个时候父母的确帮不上忙，父母和孩子处于不同的环境中，年龄也不同，对问题的理解自然不一样。孩子要么感到父母的话是隔靴搔痒，要么感到被父母拒绝和批评，告诉父母的后果就是在伤口上撒盐。相对而言，封闭自我、独自消化是最好的办法，自然就不会打开房门。

◎ 亲子关系相对疏远

对于有些家庭，可能因为各种原因，父母在孩子最需要自己的那几年，尤其是0—6岁这一阶段，没有陪伴在孩子身边，在孩子的成长过程中是缺席的。在情感上，这类孩子对父母的依恋就没有那么强。到了青春期，本来就是要心理断乳的时期，他们遇到事情更不会与父母聊了。对于这样的孩子，他们可能不让父母进入房间，但是从小照顾他们的爷爷奶奶或外公外婆到来时，他们会很欢迎。

如果与孩子的情感不够亲密，就要面对这种成长的缺席，主动向孩子解释原因，表达这方面的遗憾。在这种坦诚表达的基础上再邀请孩子一起努力，重建亲密关系。例如，妈妈可以对孩子说：

"妈妈最遗憾的就是在你小的时候因为工作忙碌没有好好照顾你，这是妈妈最后悔的事情。如果重新来一遍，我肯定不会这样做，不管有多少困难我都会把你带在身边。所以你对我感情淡我是可以理解的，我希望有机会弥补，因为你对我太重要了。我们可不可以在以后的时间里共同努力，逐渐让我们的关系像你和奶奶的关系一样亲密，一样无话不谈？"

在坦诚邀请之后，作为父母也要经常做一些能够让孩子切实体验到父母诚意的事情，比如睡觉前在孩子身边坐一会，经常跟孩子聊聊彼此小时候的故事，在重要节日送孩子他们想要的礼物，等等。

这样，孩子和父母的感情才能不断修复，甚至在这个过程中生出更深的亲密感，实现一个生命和另一个生命的相遇与相知。

◎ 家庭结构异常对孩子的影响

有些家庭父母离异或者长期关系不和，会对孩子影响很大。如果父母对孩子说太多对方的坏话，甚至要求孩子站队，孩子就会深受其苦。在青春期，他们会有自己的思考，可能会觉得父母的行为导致自己的家庭生活很痛苦，而且其观念非常狭隘，既过不好自己的生活，又要让孩子仇恨父母。作为父母共有的孩子，任何行为、态度上的站队都是一种撕裂。孩子就宁愿待在自己的房间里，眼不见心不烦，对父母关上门。

如果是这种情况，父母要主动向孩子承认自己的错误——没有考虑孩子的感受，过多地将他拉入夫妻矛盾中。父母也是第一次做父母，没有经验，难免会有不当的地方。同时也要理智地和孩子解释，婚姻关系好坏和双方的人品无关，即使很好的两个人也不一定适合生活在一起；两个人分开不是因为人不好，而是有各种不适合共同生活的地方。更重要的是，孩子不是父母分开的原因和罪魁祸首。

孩子对父母有天然的忠诚和包容，一旦父母坦诚承认自己的不足，孩子远比父母想象的更容易原谅和接纳。同时，所有这些方法对父母也是有要求的，父母需要看到自己固有的行为模式和性格缺陷，并有一定的悟性和改变的决心。如果自己做不到，就需要专业的心理咨询师的帮助。

要离家出走的孩子

时不时在新闻中看到十来岁孩子离家出走的消息，全社会对此极为关注，动用很多的人力、物力找回孩子。孩子为什么会离家出走？常见的原因有以下三种，不同的原因有不同的对策，共同的原则就是父母自身的反思和坦诚沟通。

◎ 表达"我要长大"的需求

离家出走时有发生，近年来有高发趋势。

孩子为什么会离家出走？进入青春期，孩子内心有强烈的长大愿望。敢于离家出走，就是表明他可以离开父母，可以不在父母眼皮底下生存，这种感觉特别迎合孩子长大的需求。所以，发生争执或者遇到其他契机时，孩子会冲动地离家出走。当父母指责他的时候，当父母压迫他的时候，当父母让他不开心的时候，他会用离家出走来告诉父母——"你们不能这样对待我！"

面对这样的孩子，父母肯定会担心，不过也可以从孩子的角度

为他高兴——孩子可以照顾自己了，父母难道不应该高兴吗？在孩子找回来之后，还可以肯定孩子长大的愿望，告诉孩子，"不错嘛，可以自己独立生存了"；说明孩子的动机，"你是想告诉我们你长大了，我们也很开心"。孩子在外面肯定会感受到生活的艰辛，也会有一些不同的体会和收获，这些都是可以跟他讨论的。同时也要提醒孩子："你要想想，你不告而别，我们会多么担心！下次你想要一个人静静，想要在外面待一段时间，完全可以告诉我们你准备去哪里，我们会尊重你的选择。"这种表达会让孩子知道之后遇到此类事情该怎么办，避免过激行为。

◎ 在家里受伤了

还有一些离家出走的孩子，内心充满伤痛——这个家让他受伤了，他不要待在家里了。

比如家里有两个孩子，妈妈重男轻女，女儿觉得没有被公平对待，很有可能在发生争执的时候，一怒之下离家出走。

比如父亲总是攻击和批评儿子，儿子很难受，忍无可忍。偶尔遇到某件小事，受刺激后，本该放学回家的他会选择不再回家。

这种情况下，父母要做调整，认识到亲子关系出了问题。如果家留不住孩子，孩子即使站在了家门口，也不愿意进去。这样的孩子内心很痛苦，家里没有温暖，除了伤害还是伤害，他们是被迫离开家的。

孩子被找回来之后，要先避开孩子的问题。如果这个时候，父母还要指责他们,比如"你怎么这么对待我们,你怎么不懂得感恩",孩子之后离家出走的频率会更高,离开的时间会更长,因为父母的态度再次验证这个家是待不下去的。

父母要告诉孩子,"你连家都不想回了,可见我们做父母做得多么失败"。坦诚寻找自己的问题,邀请孩子表达感受,父母也要表达共同成长的决心:"我们需要谈一谈,发现我们的问题,好改正这些问题。如果我们自己做不到,就找专业的人来帮忙。"父母也是第一次做父母,没有经验,要以一种请教的态度来沟通,这是对孩子的最大程度的尊重。这本身也是一种很好的示范,因为先反思自己的问题才是成熟的表现,也才能更好地解决问题。

◎ 做了不好的事情,不敢回家

当孩子犯了错误,不敢面对父母,他们会不敢回家。

比如父母不给孩子买手机,孩子在学校偷拿了别人的手机,而且被发现了,孩子变成了小偷,他就不敢回家面对父母。

这样的孩子,他们的内心是恐惧的,甚至恐惧到了极点,急需父母的保护。如果连父母都不能保护他们,就会出现极端的行为,比如试图自杀。

这些孩子被找回来之后,父母要明确表态,告诉孩子:"不管遇到什么事情,爸爸妈妈都会站在你这一边;不管你做了什么事情,我们都会保护你!"只有这样坚定、直接的表达,才能消除孩子的恐惧感。毕竟,孩子是未成年人,父母是第一监护人,保护他

们是父母的责任和义务。

当孩子的恐惧感消除后,再请孩子讲述事情的经过,这个时候孩子一般会原原本本地把事情告诉父母。这样一来,父母常常会发现,问题的形成也有父母的原因。比如在偷手机这件事情上,父母会发现用这种限制的方式反倒会带来不好的后果。当父母反思自己做错了什么,孩子也会从内心认识到自己的不对之处,之后遇到这种情况,就可以更好地解决问题,不会做饮鸩止渴的事情。这样的处理方式也会使亲子关系有所改善。

如果孩子不善于表达感情

有些父母会询问我,自己十来岁的孩子很冷漠,对家人和朋友都不表达情感,这算不算个问题?

我认为不善于表达情感对孩子来说肯定是个问题,会对其未来的人际关系产生影响。情感只有被表达出来才能被人感知到,这样才能在人际交往中避免误会和冲突。也许这样的孩子成绩比较好,但是总有一天他会需要伴侣,如果对方感受不到爱与温暖,恋爱就很难成功。这也是为什么我们现在看到有些人到了三十多岁甚至四十多岁,在感情生活中还是会遇到难题,这与是否善于表达情感有很大关系。再比如有些科学家,在科研之外也是一个活生生的人,但是因为不善于表达感情,周围的人要忍受他,家人也会有受伤感,和他相处的时候感觉很难受。

不善于表达情感主要有先天和后天两种原因。

◎ 先天生理原因的影响

有一些孩子是病理性的不善于表达情感，存在神经功能问题。这类孩子在感情的识别、感知和需要方面都存在问题，在人群中所占比例比较低，大约为 7%—8%；常为男性，其负责情感的神经发育较滞后。例如阿斯伯格症患者，他们甚至对人都没有兴趣，对别人的脸视而不见，询问他刚刚见过的人是否戴眼镜，他都很难回答出来。

这种神经发育缺陷导致的问题很难通过后天教育的办法来改善。如果有办法，也只能是早发现，早训练。在孩子小的时候，给予孩子大量的情感刺激，比如角色扮演、身体触摸、讲情感类故事、进行情感理解识别训练等。越早训练效果越好，错过了关键期，这些方法就没有效果了。

到了青春期，父母能做的就是尽量告诉别人自己孩子的情况，争取获得周围人的理解和包容，让环境来适应他，对他的情感表达降低要求。如果周围人都知道他是没有共情能力的，在和他相处的时候就会更接纳他，不因为他的反应生气或不理他。

◎ 后天家庭的影响

还有一些孩子不是天生不善于表达情感，也就是说他们的神经功能是正常的，他们具有很好的情感感受能力。这些孩子一般会生活在一些缺乏情感表达的家庭中，在他的家庭中，甚至在整个家族中，家人和族人都不习惯用语言来表达对彼此的情感。中国传统文化崇尚情感的收敛，比如"心静如水""淡泊名利""宁静致远"这类匾额会经常出现在书房中；有些人认为爱是要放在心里的，父母可以为孩子做任何事情，但是就是很难用语言表达对孩子的爱，很少说"我喜欢你""我爱你"之类的话。所以孩子从小到大很难听到父母的甜言蜜语，很少听到父母叫他宝贝，很少有在别人面前敞开地表达自己的情感的机会和体验。在亲密关系中，他也很难甚至羞于说出"我爱你"。

这样的孩子可以学习表达情感，最好的方式是全家一起学习。可以通过家庭治疗的方法，在专业咨询师的带领下，练习向家人表达情感。久而久之就会形成习惯，在人群中也能比较顺利地表达情感。

具体训练方法有很多，专业咨询师的作用其实不在于提供具体方法，而在于提供一个包容、支持的环境和氛围，在这种氛围下来访者可以安全地进行尝试和探索，从而学会这些方法并应用在生活中。

最常见的就是通过游戏去学习表达情感。在学校的心理课程中会有很多表达情感的游戏，对高中生也很有用。高中生可以通过游戏，在放松的环境中不断打开内心世界，让情感流动起来。有时候咨询师也会积极鼓励大家表达，比如提出要求，让每个人对其家庭成员表达赞美和感恩，而且要当着家人的面直接告诉对方。如果实在说不出来，咨询师甚至会亲自示范，一句一句地教给来访者。

孩子人前人后两个样

如果觉得孩子是个两面派,人前人后不一样,先不要进行道德批判。不同孩子有不同的原因,本质都是内心有压抑感,在不同的环境下选择不同的行为,以保持心理的平衡。

◎ 人前优秀,但在家里表现差的孩子

这样的孩子在学校很遵守纪律,老师很喜欢,会评价他们是积极、合作的孩子。但是他们在家里就完全不像样,所有亲友都说他蛮讨厌的。

这样的孩子中,有些是父母从小对其有很高的要求,比如在成绩、礼貌、行为举止等方面,都必须超越别人。这样的孩子确实会走在别人的前面,比如成绩还不错,也就很容易在学校得到老师的表扬和喜欢。老师会自然而然地把他放在较高的位置上,使他们成为其他同学的榜样,是其他孩子学习的楷模。相比之下,他就不能像其他孩子那样无所顾忌地捣乱、调皮等。因为老师的期待,他必须把这个角色扮演下去。

这当然会很累、很压抑,因为他的本我没有机会出现,或者没有机会享受孩童的自由和任性。这样一直压抑着,等进入青春期,开始压抑不住了,他就会在家里寻求释放。其主要表现为和父母或爷爷奶奶、外公外婆吵架,对亲戚没有礼貌,经常出言不逊,个人房间脏乱差,等等。这其实是在无意识地寻求一种平衡,因为每个人都是需要平衡的,如果在学校满足不了,就只能在家里释放。

此时父母会比较纳闷,觉得孩子不应该这样做。因为之前的高要求,父母会对孩子的这类行为很生气——为什么偏偏做让人不喜欢的事情?!对于孩子,这两种表现都比较极端,都不是他们想要的。长此以往,对于性格整合坏处大于益处。随着青春期孩子的认知能力的提高,父母完全可以开始和孩子探讨此问题。

父母应该做的是理解孩子的压力,清楚地告诉孩子:"我知道做榜样是很累的,所以在家里你可以放松一下。"之后邀请孩子思考,认识到自己的内心需求,去确立自我。"现在到了青春期,你对自己将要成为什么样的人有了自己的想法。老师和父母对你的期待只是一种参考,你要自己选择你在人群中是谁。最好成为你自己,而不是一个老师、父母期待的你。"相信孩子会认真听父母的话,开始自己的真实人生。毕竟,没有人愿意永远当个演员。

有些父母本身就是两面派,孩子耳濡目染,也戴上了虚假的面具。比如很在乎面子的父亲,当他的同事、朋友来家里做客,聊的都是客气、虚伪的话,常常言不由衷。说假话会成为有些成年人的习惯,即使已经不必要这样做了,也会说很多冠冕堂皇的话语,不流露真实的感受和想法。同事、朋友一离开,阳奉阴违的一面就展现得淋漓尽致。而他们对待家人也是两种态度,可以从人前的彬彬有礼变化为人后的粗暴不堪。

在这样的环境中,孩子看惯了父母的表演,如果正好他的学习成绩不错，在学校里还表现挺好，就容易形成家里家外的两副面孔。

孩子的表现和父母有很大关系，受父母长期生活经验和价值观的影响，他们对"两面派"有很高的认同感，美其名曰"适应环境"。但奇怪的是，父母完全理解和接受成人的虚伪，但不能接受自己的孩子也如此。如果他们觉得孩子必须改变，就要从自己的改变做起，总不能"只许州官放火，不许百姓点灯"吧！

涉及父母的价值观、人生观时，改变是很难的，必要的时候需要寻找专业的咨询师的协助。在父母自己改变的基础上，可以开始和孩子探讨不同环境对人的不同要求，探讨什么是人真正需要追求的东西。

对于生命，真善美是最核心和永恒的追求。那种假话连篇的人，他们的身心是压抑的，很难尽情舒展。

◎ 在家里老实，但在外叛逆的孩子

还有一种孩子与上面的举例恰好相反，他们在家里很老实，既听话又乖巧，但是在外面就会成为无法无天的小霸王，攻击性很强。比如总是和某位老师搞不好关系，各种挑衅；经常和其他孩子打架或发生争执，时不时被老师批评。这类孩子的父母也会很纳闷，觉得在家里孩子表现很好啊，有时候甚至不相信自己眼中的孩子和老师眼中的孩子是同一个人。

这样的孩子的家中往往有一只"老虎"，一个他害怕的人，最

常见的是一位强势的爸爸，尤其是特别擅长制定详细规则的爸爸。他是比较压抑的，为了遵守爸爸的规则，有很多事情不能做。别的孩子可以天天做的事情、无关大雅的事情或无关原则的事情，他都不能做，因为爸爸从来不像其他孩子的父母那样包容和宽恕。这样的孩子会很巧地和某位男老师搞不好关系，因为潜意识里他把对爸爸的愤怒投射到老师身上，去挑战老师，寻找老师的漏洞，反抗老师，带头在课堂上捣乱。老师因而也会不喜欢他，从而形成恶性循环。

弄明白原因之后，父母要反思自己制定的规则是否都有必要性，是否都合理，是否给孩子带来了束缚感。然后要和孩子坦诚地谈论这件事，鼓励孩子自主选择。爸爸可以这样说："你已经长大了，我们来讨论一下，哪些规则你觉得不合适，需要调整；哪些规则你觉得可以取消了；哪些方面你可以自己管理自己了。爸爸会选择相信你，不过多干涉和监督。"

宗旨就是看到孩子的愤怒，对规则进行调整，引导孩子从他控转变为自控。消除了压抑感后，孩子在外面就不需要通过故意挑战规则来释放情感了，也会更好地掌控自己的行为。

"为孩子操碎心"是一种控制

很多父母会抱怨孩子没良心，自己为孩子倾尽所有，无微不至，孩子却不领情，甚至心生怨恨。他们常常认为孩子不懂感恩，还没有真正长大。但实际上，青春期的孩子需要自主性，父母此刻依旧为孩子操碎心可能是一种控制,感恩的培养应该从感恩生命开始。

◎ 青春期孩子需要对自己负责

在生活中总有这些的父母——他们总是抱怨自己为孩子操碎了心,但是孩子并不领情。这其实是很符合事态发展逻辑的,因为无微不至的操持就意味着事无巨细的控制,在这种情况下要求孩子感恩是奢望。

太多的父母打着"都是为了你好"来控制孩子,将自己的想法强加在孩子身上,还希望孩子感恩,怎么可能?!

青春期的孩子尤其不会对父母的控制"感恩",因为他们就像一棵树,需要不断向上生长,父母的控制会像压在头顶的水泥板,阻碍他们舒枝展叶。父母以"操碎了心"为借口,试图让孩子内疚,甚至希望孩子欣然接受控制,当然常常会希望落空。孩子是不会接受的,他们已经到了想要并且可以自我管理的年龄,无论是读书还是交友,甚至包括生活的方方面面,都可以在一定程度上自我负责。因为这些是他们自己的事情,他们也需要在这些事情上有自己的选择权和掌控感。

到了青春期,正常、健康的家庭氛围应该是每个人做好自己的事情,如果有人遇到困难,可以提出来,所有家庭成员一起想办法解决。这种协商和支持的氛围是青春期孩子最需要的。真正科学的养育方式是,父母促使孩子对自己负责,让孩子自己操心,这样孩

子反而会感觉自然和轻松。父母过度包办会很累，效果并不好，相信孩子，放权给他们，其实是一种两全其美的方式。

◎ 感恩应该是一种生活态度

关于感恩，我们也要思考，因为它是一个不健康的家庭养育观念。父母想想看，父母把孩子带到这个世界上，征求过他的意见吗？！当然没有。在某种程度上，这是一种单边选择。这种单边选择就是生命的传承，本质上也对父母提出了一个基本的要求——"无条件的爱"。换句话说，在孩子没成年之前，无条件爱他们是父母的责任和义务。孩子是被单方面决定带到这个世界上的，其生命本身也充满了各种可能和风险，如果父母还要求孩子感恩，在某种程度上说明父母的需求是有问题的。

父母首先要理清"感恩"这个概念，因为中国其实很缺少感恩教育，现在通行的感恩教育的概念是比较狭隘的。目前常会把感恩的对象局限在父母身上，而感恩的方法是孝顺父母，似乎听从父母的安排，遵从父母指出的道路就是感恩的表现。

其实，感恩更应该是一种生活态度。什么样的人才会感恩呢？会感恩的人对生活充满了热情，他们体会到生命的美好。地球上有太多的生命，但是像人类一样有自由意志的并不多。我们作为人类，可以去感受清风明月，欣赏高山流水，这是多么神奇和美妙！

如果要感恩，先要感恩生命本身，感恩我们作为一个人的存在。作为一个真实存在的人,如果你愉快地度过了一天,这就是值得感恩的事情。父母在养育孩子的过程中,也要秉持这样的理念,从小告诉孩子,生命本身就是珍贵无比的。这种理念在国内目前还不流行,但是值得高兴的是,现在生命价值教育逐渐受到重视。

会感恩的人,他们的成长过程中会充满了理解和尊重,他们的想法和感受有表达的机会。如果是受控制长大的人,学会的只会是反控制,而不是感恩。

到了青春期,请父母放手吧,把孩子生命的主动权交还给他们,他们才会理解父母之前的付出,才可能在之后感谢父母的养育。

尊重孩子的隐私

孩子的隐私,诸如日记、聊天记录等能偷看吗?这个问题让一些父母很困扰,因为缺乏良好的沟通,他们只能通过偷窥侧面了解孩子,但同时内心又有负疚感,总觉得这样做不对。

隐隐的内疚感提示这类父母,要尊重孩子的隐私,因为窥探是弊大于利的事情,而且后患无穷。

◎ 尊重孩子成长的心理需要

我们之前介绍过,青春期这一年龄阶段的一个特点就是封闭

性，青春期孩子刚开始有自己的空间和隐私，会很注意维护自己的独立性，开始拉大与父母的心理距离。

很多父母会发现，他们开始将"隐私"挂在嘴边。很多事情在父母看来就是日常琐事，根本算不上隐私，但孩子就是不想让父母知道。父母体察到孩子的这种心理之后，还要去窥视孩子的秘密，得到的结果常常是搬起石头砸自己的脚。更糟的是，还会无中生事——本来没有问题也会制造一系列矛盾。举个例子：

  一个孩子有写日记的习惯，他会在重要的页码夹一根头发作为记号。因为记号不明显，常会被父母忽视。孩子很快就发现妈妈偷看了自己的日记。他很生气，厌恶父母的这种行径，愤怒堆积起来，孩子内心暗想："妈妈，我不信任你了！以后你别指望我乖乖地配合你做任何事情！"本来安静的家庭生活现在平地生波澜，徒添无数烦恼。

◎ 窥探不会帮助父母掌控孩子

什么样的父母才会去窥视孩子的隐私？是那些控制欲强烈的父母，窥探行为是父母内心的控制欲在作祟。

随着孩子进入青春期，他们不像小时候那样对父母言听计从，也不会什么都告诉父母，父母内心就会有些失落和恐慌，他们渐渐感觉到不能控制孩子了，有些父母就通过窥探孩子隐私的方式试图继续掌控孩子。

父母为什么想掌控孩子？其实源自内心没有安全感。很多父母为自己的行为打掩护，说自己是为了关心孩子的发展，避免他们走弯路，这样的话就是打着"为你好"的旗号在自欺欺人。父母可以扪心自问：在看了孩子的日记、聊天记录之后，自己是否有些"兴奋"？是不是会在之后通过各种方式验证某些想法并让孩子亲口承认？是不是接着就会向孩子灌输一些禁令？

窥探从来只是一个开始，目的是从想法到行动地掌控孩子的人生，但实际上这并没有用。往往是失去了控制，父母才会想要通过窥探来加强控制，但是即使通过各种窥探得到一些信息，它们真的有用吗？父母都是从这个年龄走过来的，虽然年代有些久远，但可以回想一下，在十几岁的时候自己在想些什么。无非是一些朦胧的好感，比如"某某女生很漂亮，是我心中的公主""某某男生很帅，我想做他女朋友"。父母回想一下自己的成长经历就知道，这些内容太普遍和正常了。

为了这些一想就知道的事，引发了很多家庭矛盾。窥探成为冲突的导火索，父母看到了什么反而不重要了，重要的是这种行为对孩子的伤害，它会破坏孩子对父母的信任感。这件事并不道德，试想父母对孩子做了不道德的事情，接下来又要求孩子成为一个有道德的人，他还会听你的吗？当然不会，所谓言传身教不是白说的。举个真实事例：

> 一位妈妈查看了女儿的聊天记录，因为她觉得女儿聊天时会把所有的秘密都展现出来。结果发现女儿在与某个QQ好友

聊天的时候，一直用"老公""老婆"称呼彼此。

（正如我们之前提到的，这个年龄阶段的孩子对同伴很亲近，而且每个时代有自己的独特文化氛围，父母认为"老公""老婆"是最亲密的称呼，而在孩子看来，这只是一种习惯——大家都这样乱喊，甚至从幼儿园开始就这样开玩笑。周围的朋友也都这样随意，大家见怪不怪。不同的时代，对一些细节的理解可以天差地别，这就是代沟。）

这位妈妈一开始有些疑惑，继而非常恼怒，怎么能这样称呼别人呢？他们私下里做了什么事情？妈妈开始时不时地找女儿谈话，想尽办法审问女儿，想掌握女儿的秘密，绕来绕去地了解女儿为什么叫别人老公。

女儿觉得莫名其妙，但又感觉妈妈话中有话，总是在影射什么，尝试套问什么。于是她开始防范，觉得说得越多漏洞就越多，索性能敷衍就敷衍。

父母的口气越来越重，因为看不到女儿的坦白和改过，所以越来越失去耐心。

如果女儿能够咬紧牙关，没有被套出任何消息，父母会忍不住，开始直接发布禁令，"学习期间不许谈恋爱""不能随便叫别人老公，要保持女生的矜持"，等等。

女儿隐约知道父母肯定看她的聊天记录了，会感到被侮辱，深感愤怒，甚至仇恨父母。这么强烈和复杂的情绪只能说给好朋友听，她和好友的聊天会更加频繁和隐蔽。

（其实这种情况是正常的，其他孩子也这样做。他们只是口头上开玩笑式地使用这种称呼，其实是知道分寸的，一般不会做什么出格的事情。）

再举个例子：

有一对父母打开孩子的聊天记录，发现孩子说生活太没意思了，一辈子辛苦工作，到了六十多岁才能退休，之后一身的病，很快就死了，这样的一生很无聊，还不如死了算了。

（之前也讲过，这个年龄阶段孩子的情绪是两极化的，无病呻吟是一种常态。很多时候，父母看到的他们的苦大仇深只是受挫之后暂时颓废的表现，有什么高兴的事情发生就很快换了一种心态。但父母过度紧张的话就不会这么想，父母本来就想了解孩子的心事，一看到这些内容，更坚定了自己的想法，认为这才是孩子真正的心思和情绪状态。）

父母慌了，要自杀啊，这还了得！他们开始给孩子灌各种心灵鸡汤，告诉他要乐观，要积极向上。孩子听得很烦，内心更感压抑。

父母甚至会跑到专业咨询师那里，问咨询师自己的孩子有自杀的倾向，该怎么办。咨询师就会详细地了解和澄清孩子最近的表现，比如在生活和学习中有没有遭遇刺激性事件，最近的心情怎么样，有没有好朋友，平时的作息和饮食是否正常，等等。详细了解之后就会开始解决父母的焦虑和担心。要知道，父母这么焦虑，孩子没有问题也要被搞出问题的。

尊重孩子的隐私也是尊重父母的身份，让彼此互相信任。

协助青春期的孩子与老师沟通

很多父母询问，自己的孩子与班主任或某位任课老师关系不好，影响孩子的学习，甚至降低了孩子的学习动力，作为父母该怎么办。

青春期孩子和老师的沟通是比较困难的，父母要协助孩子与老师沟通，自己与老师的交流也需要一些技巧。

◎ 不愿意主动沟通是青春期孩子的基本特点

青春期孩子和成年人的沟通本来就是困难的，因为避免跟成年人过多沟通是他们的基本特点。比如，在他们看来，只有幼儿园的孩子才什么事情都和父母说；如果什么事都告诉父母，就是没有长大的表现。在学校里，初中生也会尽量回避老师，一般情况下，老师不主动找学生，学生肯定不会主动找老师。小学生会去老师那里告状，初中、高中的学生就很少这样做了。青春期孩子和老师很少有深入内心的沟通机会，一方面是老师缺乏这方面的技巧，同时事情也很多，没有时间和精力去学习这些技巧；另一方面是青春期孩子缺乏沟通意愿。

同时，青春期孩子存在"我爱某老师，因而爱某科目"的现象。虽然这种现象一直存在，但在初中和高中阶段会表现得特别明显。同一个科目，换了老师可能就会导致学生的学习态度大变。孩子会喜欢上某一位老师，因而喜欢上某个科目。这有可能是因为这个老师很有人格魅力，比如有幽默感；也有可能是因为老师在课堂上或课堂下对待学生温和、有耐心。老师的这些特点可能自己都没意识到，但是孩子们感受到了，他们在心里爱戴和尊重这个老师，学习他执教的科目也更有动力。

当学生攻击老师时，父母也要关注并留意，为什么孩子总是针对某个老师，为什么某个老师总是针对孩子，因为这很可能是学生攻击性的一种投射。比如，如果孩子总是和一位女老师沟通不畅，总是在这位女老师的课堂上捣蛋，总是不做这位女老师布置的作业，这位女老师批评他，他一定会还嘴，父母就要反思，妈妈和孩子的沟通状况，因为女老师很可能是孩子想要攻击妈妈的欲望的外部投射对象。同样，如果孩子攻击的是一个男老师，这个男老师就很有可能是爸爸的替罪羊。

还有一些老师，的确可能真的"专门"针对某个学生制造问题。虽然我们不知道孩子的感受是否真实，但是如果他反复说老师针对他，故意挑他的刺，而且了解下来也没有其他原因，父母就要注意了。出现这种状况很有可能是某一次老师当众批评了孩子，也许在老师看来这是管理班级的正常现象，但孩子会觉得，"在那么多人中为什么偏要说我"，自尊心受到伤害。之后孩子会故意捣乱，老师也会越来越不喜欢这个孩子，从而形成恶性循环。

◎ 老师主动、坦诚沟通是解开心结的关键

如果孩子因为讨厌某位老师而不喜欢某个科目,父母(特别是妈妈)要尝试和孩子沟通。沟通的时候不要用道理说服孩子,而要通过潜在表达影响孩子。比如,千万不要在孩子面前分析这位老师,比如分析老师有哪些优点,分析老师背后的动机可能是好的,因为分析其实就是用道理说话,很容易造成父母与孩子辩论的局面,在一定程度上只会让孩子更加拒绝和反抗。这时候,妈妈要笼统地告诉孩子,每个人都是不一样的,他们具有不同的性格和做事风格,将来孩子会遇到更多不一样的人,每种人他们都要尽量适应。

如果孩子对老师的攻击是对父母的攻击欲望的外部投射,父母就要先找找自己的原因,反思孩子是不是常与爸爸妈妈发生冲突,并且冲突经常以孩子的失败告终。孩子内心积压了很多愤怒,但是又没有办法表达,会潜意识地寻找一些替罪羊来宣泄情感。因为是一种投射,所以很多时候其行为会显得莫名其妙,但是携带的情感很强烈,难以改变。这种情况下,父母要先和孩子沟通,尽量改善自己和孩子的关系。慢慢地,孩子的愤怒会变淡,对老师的攻击也会弱化。

如果是老师针对孩子"找碴",父母就需要与老师交流,因为解铃还须系铃人。在和老师沟通之后,尽量创造机会,让孩子和老师单独聊一聊。老师是成年人,所以要主动表态。比如,坦诚地询问学生:"你好像对我有意见,比如在大家都听课的时候你偏偏睡觉，比如……所以老师想听一听你的想法，是不是我哪些地方做得不好？我特别希望我们能够融洽相处，你的意见对我很重要。"

老师肯主动解决问题，矛盾就很容易化解，因为孩子总是很容易原谅老师和父母，而且一旦原谅，他们总是不计前嫌。

有一对很聪明的父母，他们和老师沟通之后，约定在一个饭店吃饭。事先没有告诉孩子，老师假装碰巧也来同一家饭店吃饭，很自然地过来打招呼。父母借故离开了一段时间，孩子就和老师有了一个很好的谈话的机会。

最不好的方式就是，父母在孩子回到家后，不问原因地责骂他。不理解孩子的情绪，只要求孩子改变，亲子关系会越来越糟糕，孩子和老师的关系也不会变好。很多时候可以看到，父母和老师的处理方式不妥当，导致问题更大，一发不可收拾，最终无法收场，这是非常遗憾的。

第三章

不同家庭与青春期孩子的沟通机制

家庭结构和状态不同,与青春期孩子的沟通机制也不同。家有青春期孩子时,妈妈的角色特别重要。

如何建设夫妻关系

◎ 离婚不一定是最坏的选择

家有青春期孩子时,对此时的父母来说,一般已经结婚十几年了,进入老夫老妻阶段。一般而言,此时夫妻关系已经经历了磨合期,开始融洽与和谐了。这个阶段并不像孩子进入幼儿园之时,夫妻之间会经历类似"七年之痒"的复杂发展。如果此时夫妻关系还没有磨合好,在一定程度上,可能就代表着双方很难继续生活下去。

在这种情况下,父母往往对是否离婚心存顾忌。他们常常觉得孩子刚进入初中,学习表现很重要;而且孩子的年龄半大不小,还没有到进入大学的时候,此时离婚终归对孩子的成长不利,为了孩子不如再熬几年。如果父母没有了感情却又不离婚,孩子会感知到,他的处境就像一直在等待第二只靴子落下来,心理上有很大的不确定感,随时等着家庭大厦的崩塌。内心长时间焦虑,对孩子的心理伤害倒不见得比离婚的心理伤害更小。这种情况下,离婚不一定是一种坏选择。孩子已经长大了,能够理解父母分开的原因。只要父母跟孩子解释清楚,不在孩子面前讲对方的坏话,就能够妥善处理彼此的关系。

如果夫妻双方不想离婚,内心还保留着对对方的感情,就要积极行动,或者寻求婚姻治疗专家的帮助,以发现问题到底出在什么地方,从而获得两个人的共同成长,使双方可以用更成熟的方式沟通。相比不离婚又过不好的夫妻,这是一种比较积极的方法。

更糟糕的情况是,父母已经离婚了,但是还住在一起,努力瞒着孩子,在一些必要的场合,双方还会以夫妻的身份共同出席。这是最不可取的做法,因为这种情况下孩子会出现很多问题,常见的就是孩子在学校里成绩越来越差,直到父母开始寻求帮助。这样的父母见到咨询师时会说:"其实我们已经离婚了,只是考虑到孩子还小,不想让他受到伤害,才一直瞒着他。"通常孩子也会告诉咨询师:"我知道他们离婚了。他们不告诉我,我还得装作不知道,让我心里很难受,也很累。"这种事情根本瞒不住,家庭中的气氛是很微妙的,孩子能够敏锐地了解父母的关系。隐瞒会让三方都很累,谁也过不好。

◎ 妈妈在家庭中的重要作用

家有青春期孩子,妈妈在家庭中的作用就特别重要,这个时候妈妈需要注意以下原则:

一是尽量在爸爸面前报喜不报忧。我会提醒妈妈,在爸爸面前尽可能报喜不报忧。因为在中国文化背景下,家庭生活通常会遵循"男主外,女主内"的模式(合不合理另论),爸爸一般更注重事业,有很多工作,不会把很多时间、精力投注到孩子的教育上,他们对孩子的了解也不如妈妈深入。同时,孩子长大了,父亲作为社会规则的代表人物,很多时候会扮演教训孩子的角色。他们从外面回家,说不定带着许多负面情绪没处发泄,正好遇到孩子的问题,

就免不了一场大战。这个时候，妈妈的告状可能引发大战。更有意思的是，等到父亲打了孩子一巴掌或者劈头盖脸地指责孩子时，妈妈往往会站出来表示爸爸的做法是不对的。妈妈把爸爸拖入了战局，又在之后用不正确的处理方式脱身而出，带来的只是一家人的刀光剑影和混战，问题并没有解决。

这个时候妈妈要意识到，把爸爸拖进来的目的是什么。如果妈妈想和爸爸一起管理孩子，就要思考他有没有这个能力，是不是教育专家，方法和脾性是否适合教育孩子。否则，对方不仅帮不上忙，还可能会添乱，使场面更加混乱。

二是不要在孩子面前讲爸爸的坏话。妈妈总是会和孩子分享很多感受，但是如果在孩子面前说爸爸的不好，就会产生负面影响。比如，有些妈妈会抱怨，"你爸爸总是这么晚回来，不知道在外面搞什么"，或者"你爸爸一点能力都没有"。在这种环境下长大的孩子会对爸爸有很多不满，他会认同妈妈的感受，很容易会选择替妈妈攻击爸爸，而爸爸会反击，家中就会鸡犬不宁。同时，孩子被要求站队，也会深感为难；即使攻击了爸爸，心里也会内疚不安。青春期孩子处于亲密关系的探索期，父母的相互指责与抱怨可能会让孩子对未来自己的婚姻失去信心。

如何与青春期孩子谈离婚

如果夫妻实在无法一起走下去，就会面临离婚问题，该如何和孩子谈离婚呢？其实非常简单，要点是坦诚沟通。

孩子进入青春期后理解力增强，面对父母的离婚，他们有一定的接受能力。这个时候基本的原则是，父母坦诚跟孩子沟通，最好一家三口坐下来理智地讨论离婚的事情。

首先，父母要告诉孩子，双方打算离婚。婚姻能不能持续下去涉及很多因素，比如双方的个性、生活方式和价值观等，孩子是能够理解这些的。对于一些青春期的孩子，他们本身就开始努力吸引异性，试图通过积极表现得到异性的关注，他们对父母分开这件事很容易理解和接受。尤其是进入高中的孩子，他们不会和小学生一样，觉得父母离婚是一件天塌地陷的事。年幼的时候，如果父母离异，孩子可能不理解父母的关系出了问题。到了青春期，他们会比较客观地看待父母的关系，会知道婚姻解体双方都有责任，不会像小时候那样，哪一方对他的付出多一些，就觉得另一方的问题更多。

其次，要跟孩子解释，离婚是解决问题的方法，如果继续在一起结果更糟。离婚对彼此都是成全，会让双方解脱。父母之间的冲突太多，会使双方身心疲惫，也影响孩子的身心发展；站在孩子的角度，也需要一个安静、平和的环境，所以父母最终决定分开。

再次，一定要告诉孩子，离婚并不影响父母对孩子的爱。父母离婚的决定跟孩子没有关系，不是因为孩子的问题造成父母离婚；同时，父母对孩子的爱不受影响。告诉孩子，将来不管跟谁一起生活，父母依然是他们的父母，依然爱他们，时刻会把他们放在心上，因为血缘关系是割不断的。

最后，要坦率地跟孩子沟通，询问他们对父母离婚的看法和感

受，讨论父母离婚之后可能出现的困难以及解决方案。比如，孩子什么事情需要爸爸参与，可以通过什么方式联系爸爸，可以怎么解决。这些往往是孩子在实际生活中担心的事情，或是因关系变化产生的不便，和孩子协商好之后，孩子会理解和想办法克服这些困难的。

再婚的父母怎样和孩子沟通

有离婚就会有再婚，父母会带着孩子重组家庭，这样的家庭中父母跟孩子沟通时应该注意什么？要点是，继父母和青春期孩子相处时要以礼相待，以友人的身份相处。

◎ 允许他们自己决定是否改口

在孩子对继父母的称呼这个问题上，要允许他们自己决定是否改口。

如果孩子在很小的时候进入重组家庭中，继父母一直在陪伴孩子成长，孩子和继父母的关系就可能比较亲近，改口也会比较容易。如果孩子是在青春期进入重组家庭中，他们可能很难改口了，毕竟继父母和他们的关系不是在婴幼儿时期建立的，一个人叫惯了自己的爸妈，突然有一天要对陌生人这样称呼，实在是很难的一件事情。改口对他们来说很不容易，他们更倾向以叔叔阿姨的方式称呼继父母。在改口的问题上，虽然也涉及继父母的身份感，但继父母需要站在孩子的立场上理解这件事。

重组家庭的父母在和青春期孩子沟通的时候要意识到，有些问题是所有家庭共有的，有些问题是重组家庭的特殊问题。共有问题包括：青春期孩子在家里很少说话，不太愿意主动交流，不太愿意袒露自己的秘密，等等。遇到这样的情况，重组家庭的父母要有心理准备，不要过度担心和焦虑。特殊问题是，因为缺乏血缘关系和没有建立早年的依恋关系，重组家庭的父母在和青春期孩子沟通青春期问题时会比较尴尬。比如继母要和女孩子谈论月经、性问题时，就会有些不知道如何开口，不如亲生母亲和孩子谈论这些时轻松；而继父和男孩子谈论遗精之类的事情时，也会比亲生父亲谈论这些更有难度。不过，这类问题不是不可逾越的鸿沟，只要继父母自身能够坦然面对，孩子也能接受他们的好意。毕竟，继父母也要承担父母的养育责任，孩子也知道继父母对他们的关系很在意。

青春期孩子可以在一定程度上将情绪和事情分开，理智地接受父母离婚的事实，不会把愤怒发泄在继父母身上。别人的言论某种程度上很难影响他们，因为他们有自己的判断，尤其是当继父母能以礼相待、以友人的身份与他们相处的时候。

◎ 继父母不要过分控制孩子

继父母和青春期孩子相处时，原则是以朋友的身份相处，不要过分控制孩子。青春期孩子尤其反感被控制，面对控制很容易逆反，即便是亲生的父母，他们都要反抗，更何况是继父母。

如果继父母过分控制孩子，和正常家庭不一样的是，孩子更容易采取极端的方法应对，比如他们更容易离家出走。这个家给他们的归属感本来就不强，一旦他们感觉压抑，感到被控制，就很容易选择离家出走。孩子内心会想，"你又不是我的亲生爸妈，你根本没有资格管我"。

父母是很难区分关注和控制的，继父母也一样。可能很多时候，他们认为自己是在关心孩子，但在孩子看来就是在控制。有些继父母不会直接控制，他们会反复和孩子的亲生父母沟通孩子的表现，然后让亲生父母出面去控制孩子。孩子一旦领悟了这一点，相较直接控制，他们会更加怨恨，觉得继父母很阴险，对继父母格外鄙视。

◎ 继父母要以朋友的身份和孩子相处

有一些继父母觉得和孩子很难沟通，认为孩子到底不是自己生的，终归养不熟，所以相处的时候表现得比较冷漠、疏远。这种态度孩子是能感受到的，他们也会觉得继父母到底是继父母，终究不把他当亲生的孩子看待。如果重组家庭中同时有双方的孩子存在，区别对待尤其会让他们觉得厚此薄彼。这种情况下，双方的关系会日益冷淡，等到孩子上了大学，基本就不关心家里的事情了。

继父母和孩子最好的关系应该是朋友的关系，相处的原则也是以友人的身份相处。如果继父母能够尊重孩子，在很多事情上以朋友的方式和孩子相处，孩子会感觉很幸福。这个年龄阶段的孩子理解能力更强，能更客观地看待成年人。父母的离婚不一定给他们带来伤害，客观来说他们又得到了一个朋友，这个朋友还具有师长的性质，可以在很多问题上给予指导和帮助，这种感觉太好了。长此以往，继父母和孩子的关系不会差到哪里去。

家里添了弟弟或妹妹时

国家现在实行"全面二孩"政策，有些家庭会选择生育第二个孩子，这就增加了一个新问题：青春期孩子如何面对自己新增的弟弟或妹妹。其实，这也可以成为一个契机，父母可以开始和孩子讨论自我管理和财产继承观念。

◎ 对待第二个孩子的态度

当父母和孩子商量讨论生育弟弟或妹妹的事情时，青春期孩子通常的反应是，"不关我的事情，你们想怎么办就怎么办"。相比其他年龄阶段，这是比较简单的反应。幼儿园孩子可能就会说"我要打死他"之类的狠话，表示对妈妈的绝对占有；小学阶段的孩子会说"我喜欢弟弟或妹妹"，表示想要个玩伴；青春期孩子会有不同的想法，不过共同的特点是，"不关我的事"，反正玩不到一起去。青春期孩子如果有了弟弟或妹妹，年龄差距很大，很多时候玩不到一块，这一点父母要有心理准备。

当然，不同孩子的想法是不一样的。比如，如果弟弟或妹妹与

自己同性别,第一个孩子内心常会有排斥感;相比之下,如果弟弟或妹妹与自己不同性别,其接受度会更高些。如果女孩子跟妈妈关系好,她会帮助妈妈照顾弟弟或妹妹,会成为妈妈的帮手。

也有孩子会有释放的感觉——"弟弟或妹妹来了,爸爸妈妈终于有事忙了,可以不管我了",反倒很轻松呢!男孩子会关起门,觉得和自己没有关系。虽然老大会有些游离在外,但因为青春期孩子正好需要独立空间,这种情况不一定对他没有益处。毕竟,母亲始终需要更关注年幼的孩子,就不会过度关心老大,其压力会小一些。

同时,部分孩子开始思考财产继承的事情了。如果老大是男孩子,第二个孩子也是男孩子,老大就会想,本来属于自己一个人的财产要两个人分了,自己的那份肯定就少了。如果老大是女孩子,第二个孩子是男孩子,在重男轻女的文化环境下,老大会排斥弟弟,会觉得以后的财产要分给弟弟了。

会有一些孩子因为未来的财产分配心生怨恨,尤其是当小孩子的到来打破了他们习以为常的生活状态时,比如小孩子常吵闹,打扰了他们,他们会把怨恨发泄在父母身上,就会出现发火、出言不逊之类的表现。

◎ 增加青春期孩子自我管理的机会

家有青春期孩子的妈妈如果生育了第二个孩子,因为年龄大了,带孩子会很辛苦,会出现诸如晚上睡不好的现象,这个时候其实给青春期孩子提供了很好的自我管理的机会。

首先，父母要告诉青春期孩子生育弟弟或妹妹的动机，争取与孩子建立同盟关系。比如，告诉孩子："我们一直考虑你是独生子，如果我们老了，你会负担很重，也会很孤单。如果有个弟弟或妹妹，你们可以相互帮忙，我们也会觉得欣慰。"

其次，妈妈可以主动和孩子讨论，请求孩子的帮忙，而最好的帮忙方式就是自己管理自己："照顾婴儿很辛苦，所以我们可能会减少对你的管理，你也到了可以自己管理自己的时候，妈妈相信你可以把自己的事情处理好，这是帮助我们最好的办法。"

◎ 讨论正确的财产继承观念

现在的孩子越来越重视财产继承，第二个孩子的到来正好是一个契机，一个讨论正确的财产继承观念的机会。

首先，请青春期孩子说出对财产继承的想法，因为很多孩子开始朦胧地意识到这个问题，但是尚未明确自己的观念。父母可以问："本来家里只有你一个孩子，现在有了弟弟或妹妹，你会不会觉得之前属于你的财产现在要两个人分？"

面对这样的提问，有些孩子会说"谁稀罕你们的财产"之类的话，有些孩子则会说"是啊，我要倒霉了"。不同的孩子态度不一样，父母看到他们的态度，就可以与他们讨论正确的财产继承观念了。

要知道，最好的财产是能力。人来到世界上，父母能给孩子的最好的财产就是个人能力，尤其是生存能力。所谓的"授之以鱼，

不如授之以渔",讲的就是这个道理。如果一个人有了能力,自己也可以创造财富;就算拥有大笔财产,也可能随着各种变故变得一无所有。只会继承财产,不会创造财富,抵抗不了风险,这类例子比比皆是。

其次,财产的继承,除了给子孙之外,也可以采用回馈社会的方式。有很多世界名人,比如脸书的创始人,他们在孩子很小的时候就明确告诉孩子,父母的绝大部分财产不会留给他。这种目光长远、心有大局的态度很值得我们学习,至少在认知上要让孩子不对财产的事情耿耿于怀。我们看到媒体报道的家庭纠纷,绝大部分都是因计较财物,亲人相互伤害。树立正确的财产继承观念对孩子建立正确的价值观和人生观都有好处。

单亲妈妈如何与女儿沟通

在单亲关系中,相对而言,妈妈和女儿比较容易和平共处。单亲妈妈和青春期女儿在沟通时往往是理性的,就像正常家庭一样,该怎么办就怎么办,很多要求也是合理的。在这种环境下长大的女孩子一般成长得很顺利,在学校里学习成绩不错,人格也发展完善。

◎ 理智对待孩子的亲生父亲

单亲妈妈对女儿的亲生父亲的态度,会影响妈妈和女儿的关系，甚至会影响孩子的成长。尤其是当妈妈以怨妇的形象控诉前夫的不好，比如抱怨"我是多么倒霉，认识他之后我的人生就一片灰暗"；或者抱怨前夫的外遇，他对待家庭"多么不负责任"，就会对女儿产生负面影响。有些婚姻的解体是因家族问题，这种现象很常见，一般女人发现无力应对后通过离婚退了出来。妈妈在孩子面前会将父亲的整个家族描述得很可怕，讲些"奶奶无理取闹，姑姑非常自私"之类的话。很多妈妈在孩子小的时候还会注意些，不说太多，等到孩子进入了青春期，就开始把自己的内心世界完全暴露在孩子面前，还边说边淌眼泪，完全忽略了这是自己的女儿，控诉的对象是跟她有血缘关系的爸爸和爸爸的家族。她还是个孩子，她不是妈妈的闺蜜。

每个孩子都希望自己家庭和睦，双亲恩爱，被爷爷奶奶、叔叔姑姑等家族成员当成宝贝。当她觉得自己来到世界上得到的都是坏的待遇，内心的感受会非常复杂，充满伤感、愤怒和仇恨。这个时候，孩子会仇视爸爸以及爸爸的家族。有时候，妈妈说爸爸只有三分坏，孩子会自动加成七分坏。有个女孩子曾跟咨询师说，她听到妈妈说爸爸的不好，恨不得拿根棍子去打爸爸。

妈妈在孩子心里种了这么多恨的种子，可想而知，必将收获一个内心充满了恨的孩子。这样的孩子在跟别人相处的时候，可能也会表现出仇恨，她的表情和语调都跟那些幸福的孩子不一样，人际关系也会受到影响，比如很少有知心朋友。

因此，考虑到对孩子的影响，单亲妈妈最好在孩子面前树立爸爸的高大形象，因为爸爸是女儿的生命起源，爸爸的家族代表着她

的族系；爸爸是什么样的人，很大程度上也代表着她对自己的评价。有些妈妈甚至会跟孩子说："我当时还有另外一个男朋友，如果选择那个人，就不会是现在这种情况。"但孩子想到的是，如果妈妈选择了另一个人，很有可能就没有她了。妈妈在给爸爸差评的时候，孩子其实觉得自己身上携带着爸爸的基因，爸爸是坏人，自己自然也是坏人。

对于孩子，有一个形象高大的父亲特别重要。即使孩子的爸爸真的很不堪，妈妈也不是那个适合抱怨的人，第三方说这些话反倒会好些。

最不合适说爸爸坏话的人就是妈妈，请妈妈谨记这一点。

◎ 合理解释离婚的原因

离婚是双方的问题，并不单纯是一方的过错。进入青春期的孩子是有分辨能力的，很多时候妈妈的抱怨都是一面之词，孩子听到其他人的说法，可能会觉得对方说的话更有道理。有时女儿会跟妈妈吵架，对妈妈有怨恨，潜台词是"你没有把日子过好，你把爸爸赶走了"。尤其是爸爸后来再婚，而且再婚之后过得很好时，孩子去爸爸的新家，直观感受到爸爸的新家庭很和谐，她会思考父母离婚的原因并不全怪爸爸，妈妈也有错，要不然爸爸怎么能重新过好日子呢？这样她就会攻击妈妈，也可能出现各种不良行为。

单亲妈妈一定要理智看待离婚的原因，在孩子面前理智地解释。更恰当的方式是，承认父母离婚只是因为双方不适合生活在一起。

◎ 理性对待孩子与爸爸的来往

　　天底下所有的女儿都想生活在爸爸的身边，但是妈妈的控诉在一定程度上是要断了孩子跟爸爸来往的念头。孩子可不会这么想，至少潜意识里不会这么想。有些孩子还会在潜意识里希望爸爸妈妈复婚，甚至希望爸爸老了之后照顾他。

　　女儿小的时候，妈妈要主动组织女儿和爸爸的来往。等到女儿大了，可以尊重她自己的选择，尽量创设条件让她和爸爸接触。而她和爸爸在一起做什么，她对爸爸有什么评价，都是她自己的事情。女儿和爸爸的关系很容易影响其未来的亲密关系；和爸爸关系不好的女孩子，将来在对待男性的态度上常常出现问题。

◎ 尊重孩子自己的选择

　　孩子在这个年龄阶段有自己的社交，妈妈应该尊重孩子的选择。比如，孩子跟妈妈说，"我想参加篮球队"，妈妈应该大方答应，尊重孩子的兴趣爱好。再比如，孩子和妈妈说，想和谁去哪里玩，妈妈应该信任她，帮助她安排好出行，让她注意安全即可。妈妈要表达"你爱做什么就做什么"的态度，适当与孩子保持距离，孩子的内心会很平静、安全，自主意识也会越来越强。

　　很多时候单亲妈妈总是有很多顾虑，因为她不像双亲家庭中的妈妈那样能够得到伴侣的支持和帮助，所以有时候会以安全或者影响学习为由，对孩子有很多限制，使孩子不能根据自己的意愿行事，这时候亲子关系就出现矛盾，对孩子在学校里的表现也会有所影响，比如成绩开始下滑等。

此外，单亲妈妈千万要注意，因为平时家里只有妈妈和女儿，两个人的对话势必会有所限制，不像双亲家庭那样丰富多元。这个时候，妈妈和女儿的交谈不能只涉及学习，这样女儿肯定会出现问题。有时候我也能理解单亲妈妈的严苛，因为她要一个人带孩子，非常辛苦，常常迫切想让所有人看到她的付出与成果，看到她的成功和能力，但是孩子不是单亲妈妈和别人较劲的工具，如果对孩子过度严苛，结果会适得其反，女儿会更容易出现问题。

◎ 女儿永远排第一位

当单亲妈妈有男朋友时，妈妈和女儿的沟通可能会出现麻烦。这个时候最重要的就是处理好女儿和男朋友的关系，努力让女儿接纳他。如果女儿不接纳妈妈的男朋友，就会产生很多冲突。而一旦陷入冲突，女孩子的表现会更隐晦、更复杂，更让妈妈为难和没办法。

在这种时候，妈妈和女儿的关系是第一位的，跟男朋友的关系是第二位的。这一点和双亲家庭不一样。在双亲家庭中，因为有了父母才有了女儿，所以夫妻关系是第一位的。在单亲家庭中，妈妈一定要让女儿感受到，妈妈不会有了男朋友就不管她了。智慧的妈妈会让女儿感受到她在妈妈心目中无法被取代，女儿因而较容易接纳妈妈的男朋友，从而使彼此的关系比较愉快。

当女儿接纳了妈妈的男朋友，之后妈妈再婚，她和继父也会相处得不错。

◎ 正确对待与孩子的分离

孩子终究要和父母分离，去过属于自己的生活。等孩子上了高中，尤其是到了高二，父母就应该和孩子讨论，在孩子进入大学和离开家之后，父母对生活的打算和安排。父母要告诉孩子，孩子离开后父母心里可能会有些失落，不过父母可以过好自己的生活。

对于单亲妈妈，这一点可能有些难办，因为她把全部的精力都放在了孩子身上，等到孩子离开，自己就完全失去了生活的重心。我曾遇到一个案例，妈妈一直跟随着女儿，女儿上大学，妈妈就跟到新的城市；女儿上了研究生，妈妈又跟了过来。妈妈从不接受分离，一直纠缠着女儿，后来这个女孩子自杀了。妈妈离开了女儿就失去了自己的生活，女儿因为妈妈的纠缠也失去了自己的生活，甚至失去了生命。这种悲剧不应该再发生，每个人都有独立生活的需求和权利，单亲妈妈更要学会接受分离。

单亲妈妈如何与儿子沟通

单亲妈妈和儿子相处时要比较理性，区分清楚自己的需要与孩子的需要，坦然面对亲子分离。

◎ 妈妈的爱不能让孩子觉得窒息

儿子跟着妈妈生活的情况在单亲家庭中挺普遍的，因为只要妈妈有经济实力，法院倾向于将孩子判给妈妈抚养。

在儿子小的时候，妈妈会在儿子身上倾注所有的爱。相比双亲家庭，这种爱是独占性的，没有人和孩子分享。这种无微不至的关心就像棉花糖，松软甜蜜，不过也会让孩子觉得被包裹起来，透不过气来，甚至会有窒息的感觉。小的时候儿子会觉得妈妈是爱自己的，一般也比较听话，妈妈说什么就去做了。家里只有妈妈一个成人的声音，她的一些要求不会受到批评，孩子也会按照妈妈的要求去做。但是等孩子进入青春期，能量更足了，长期窒息的感觉很不好受，他们就会想办法挣脱这种紧密的、不透气的关系。

单亲环境下男孩子的反抗一般比双亲环境下的反抗更强，不过这个时候他们的反抗一般是软反抗。因为在内心深处，他觉得妈妈辛辛苦苦将他带大，他不能直接反抗妈妈；如果让妈妈生气，他会是一个不孝顺、不知道感恩的孩子，内心会有很强的内疚感和负罪感。往往此时，他开始出现一些行为问题，表现为没有学习动力，自己的事情做不好，在学校里成绩不好，老师评价也不高，等等。在妈妈看来，他是一个没有朝气的孩子。

◎ 孩子会自觉扮演父亲的角色

单亲妈妈和儿子在一起的时候，彼此会无意识地扮演生活中缺失的角色。比如，有些男孩子在睡觉前会检查门是否锁好，窗户是否关严,甚至包括煤气灶是否关好。其实在潜意识里,他正在做爸爸该做的事情,他要保护和守卫整个家庭,给妈妈安全感。这实际上是妈妈潜意识里的需要,她需要一个男人的保护,儿子跟妈妈是通过脐带相连的,出生之后也有密切的情感联结,他能直接解读妈妈的需要,即使妈妈从来没有说出来。

这个时候妈妈要警醒,要明白自己需要的是丈夫,不要让儿子扮演这个角色。儿子毕竟是孩子,他去扮演别人的角色,潜意识里会特别不舒服,往往又把愤怒投向妈妈,就很容易形成一个复杂的局面:母子既相互纠缠又相互排斥,彼此需要又相互伤害。

◎ 孩子会主动为了妈妈的需要而牺牲

等到儿子到了高中,尤其是长得又高又大之后,他可能很少跟妈妈说话了。因为不管他说多说少,妈妈都会不停地跟他说话,他只有通过自己减少说话来减少妈妈的唠叨,此时妈妈会因为孩子的疏远而失落和纠缠。等到某一天孩子直接拒绝了妈妈,让妈妈闭嘴,妈妈的情绪就会大爆发,甚至会歇斯底里地控诉孩子,哭诉自己独自带大孩子多么艰难和如何被辜负。孩子会陷入内疚,觉得自己让妈妈伤心了,这么做是不对的。亲子关系很僵化,孩子内心也产生剧烈的冲突,紧跟着就会出现各种行为问题和心理问题。

在这种前提下,孩子到了高二升高三的时候,往往就不往前走了，这也是比较普遍的现象。因为孩子觉得自己明年就要去上大学了，妈妈和他都要面对分离。孩子能直接感受到妈妈的失落感，很多时候妈妈自己是意识不到的，表面上看起来她甚至盼望孩子赶紧长大去上大学。正因为意识不到，她回到家会不开心，又讲不出来。这种不开心会直接传递给孩子，孩子也会不开心，进而影响学习，其数学成绩最容易下滑，因为数学是最需要心神安宁、全心投入的。妈妈开始唠叨学习问题，然后孩子更难过，之后大考也会发挥失常。妈妈的情绪崩溃了，跟儿子大发脾气，儿子也心境低落，在学校完全没有心思学习。

这时候，妈妈十有八九会打电话找前夫，告诉前夫孩子的现状，表示她无能为力，又表示儿子不是她一个人的。她这是要提前预告问题，以免将来前夫埋怨她管教不力。因为在分离的时间内，前夫很可能有了自己的家庭，对孩子并不了解。他能做的就是语重心长地跟儿子讲道理，说些"你妈带你不容易，你这样做既自毁前程又让妈妈伤心"之类的话。这些话儿子根本不需要听，妈妈说的次数太多了。接下来三个人会一起吃饭，这顿饭一下子让三个人找到了久违的家的感觉。对于儿子，这是记忆中美满的一家三口；对于妈妈，这么多年的分离让彼此的矛盾不再尖锐，双方都成熟了不少，甚至会觉得当时离婚的行为和原因很傻，如果当时不冲动，或许会过得很好。这顿饭让大家都觉得很温馨，尤其是妈妈——前夫不是来与她吵架的，而是来帮她的，毕竟两个人曾经有过感情，有共同的孩子，他们要携起手来合作，这让她倍感安慰。

这一顿饭吃完就有了新的麻烦，因为孩子很清楚妈妈的需要，潜意识里觉察到妈妈需要爸爸。问题不仅没解决，反而开始恶化。孩子隔三岔五不去上学，妈妈就一次次去叫爸爸。搞到最后孩子甚至没有办法参加高考，前夫后来组建的家庭也会闹矛盾。

孩子潜意识里是要为妈妈牺牲的，他用自己的问题来满足妈妈的需要。

◎ 理智看待分离，不纠缠儿子

就像前面说到的高中男生，因为面临跟妈妈的分离，用自己的停止前进来满足妈妈的需要。如果单亲妈妈观察到孩子有这样的苗头，就要跟孩子沟通，明确告诉孩子，等他上大学后自己会重新规划生活，会把自己的生活过好，让孩子放心。

有这样一个案例给大家参考：

> 某个男生准备出国，但是托福考试总是不及格，考了很多次也是如此。妈妈很纳闷，因为英语是孩子的强项，正是因为有这个优势才考虑出国的，现在该怎么办？
>
> 咨询师和妈妈沟通后发现，在孩子很小的时候她就离婚了，单独养育孩子。
>
> 咨询师问这个妈妈："儿子如果出去了，你的生活有什么改变，什么才是你新的生活内容？"这个妈妈是医生，她说她之后肯定会很忙，甚至要经常去外地出差做手术。之前因为照

顾孩子去不了，等到孩子出国了，她就可以去了，估计会忙得连给儿子打电话的时间都没有。咨询师一听就说太好了，让她明确告知儿子这件事。结果下一次孩子的托福成绩特别高，因为在心底他对妈妈放心了，知道没有他的日子，妈妈也会过得很充实。

分离是单亲妈妈和儿子要过的一个坎，这个坎过去了后面很多问题也会迎刃而解。当然，儿子结婚之后还可能有新的问题，不过这是必须要过的第一关。

◎ 不把伤害性事件过多地告诉孩子

所有孩子都会为父母牺牲，父母的困苦、父母的挣扎、父母的委屈，他们都会记在心里，甚至比自己承受这一切感受更强烈。单亲妈妈的儿子尤其会如此，在妈妈受到不公平对待的时候，他们会为了妈妈挺身而出，去保护妈妈，甚至为妈妈牺牲。

所以单亲妈妈在跟孩子分享经历的时候要注意，不要将伤害性事件过多地告诉孩子。儿子总想为妈妈而战斗，但是如果他没有能力这样做——青春期孩子在体格和心理上还不成熟，能做的事也很有限——就会造成巨大的内心冲突，会为自己不能保护妈妈而羞愧，瞧不起自己。当站在妈妈身边时，这种羞愧感会被反复唤醒，长期下去甚至会反向厌恶妈妈，因为妈妈让他看到自己的无能。

◎ 注重学习，提高自我觉察能力

单亲妈妈带儿子是很有难度的，一定要不断学习，才能让自己和儿子顺利发展。要不然就会在老的时候，感叹自己的生活不如意。

这里的学习有两方面的意思：一方面是加强对自己的了解和觉察，清楚地认识到自己的需要，不把这些需要强加在孩子身上，从而能够理智地行动和生活，不完全被自己的潜意识牵着走。自己活明白了，就不会不断纠缠孩子，限制孩子的成长。

另一方面，要学习和了解有关孩子的各种知识。孩子到了青春期之后，单亲妈妈一定要保持理性，但这往往是她们和儿子相处时最缺乏的东西。这个年龄阶段正常的相处模式是：妈妈和儿子彼此有自己的生活内容和需要，平时各忙自己的工作与学习，各安其职；遇到问题时相互帮忙，共同协商解决问题。要实现这种相处模式，就需要妈妈对青春期孩子的特点有比较清晰的了解，不至于遭遇孩子的疏远和逆反就慌乱无措。同时，妈妈和孩子能够有更多的共同话题，因为相比双亲家庭，单亲妈妈如果跟孩子有代沟，很少有调和的空间，双方的心理距离会更加凸显。所以单亲妈妈更要主动学习，要了解当今孩子的特点、喜好、追求和价值取向，这样妈妈才可以成为能与儿子对话的人，这样的妈妈在孩子看来也才会比较宽容和温和，可以敞开心扉交谈，不会把所有沟通都局限在学习上，跟这样的妈妈在一起孩子会很快乐。

单亲妈妈一定要不断学习，实现自身的成长，否则就很容易把

重心放在孩子身上——孩子是棵树，妈妈就像缠着树的藤；不独立尚是小事，限制孩子的成长才是大事。

单亲爸爸如何与女儿沟通

单亲爸爸带孩子难度很大，需要获得多方面的支持。女儿和爸爸一起住，一般而言会有一种心心相印的感觉，双方能够很好地理解对方，父女相处得还不错。当然，相处不错的前提是，和其他单亲父母一样，爸爸不要在女儿面前反复说妈妈的坏话。

◎ 对女儿与异性交往过于敏感

进入青春期后，比较容易出现的问题是，单亲爸爸会对女儿与异性的交往过于敏感。在我们的文化中，女性是需要保护的，是弱势群体，爸爸会特别有保护欲，觉得自己要保护女儿不受到伤害。如果父亲过于敏感，总是担心女儿是不是早恋了，会不会有哪个毛头小子找女儿麻烦，在和女儿的沟通过程中就会不断提醒女儿要防范异性，或者经常举别人家的女儿如何因早恋而学业失败的例子。这种沟通让女儿很反感，而且爸爸的态度会让她觉得，她将来的恋爱是不自由、不合适的，会被爸爸反对。

当孩子进入高中，这一矛盾就会凸显出来。因为高中生对爱情的认识已经突破了初中阶段的简单模仿，一部分孩子的学习动力来自性吸引，而父亲的态度会让她压抑自己的性冲动。女儿在心底希望自己的父亲过得轻松，很怕因为恋爱伤害自己的父亲。尤其是当她有了一个喜欢的男孩，或者有一个男孩喜欢她时，她会变得小心翼翼，开始躲躲闪闪，避免爸爸发现。但是单亲爸爸肯定会知道这一变化，他对女儿的行为和情绪变化很敏感，甚至会做出偷看手机和翻书包之类的事情，很快就会发现女儿的秘密。这个时候，父女关系就会遇到挑战，甚至遭到破坏。

作为单亲爸爸，要理解这个年龄阶段孩子的心理需求，早恋未必给孩子带来伤害。同时，要克服自己的嫉妒心理，理智看待女儿的早恋，不要过于敏感和担忧。

◎ 适合与青春期女儿沟通的是妈妈

单亲爸爸和青春期女儿比较难相处的另一个原因是，等女儿进入青春期，爸爸往往会觉得自己不再是合适的沟通对象，妈妈更适合跟孩子聊一聊心里话。小的时候，爸爸可以又当爹又当妈，不用太顾忌与孩子的性别差异。但到了青春期，女儿会开始承担家庭女主人的角色，开始料理家务，表现得比较成熟了。早点成熟对于女孩子并不是坏事，对她们将来的成长也会有好处。不过爸爸就会有些尴尬，男女有别的意识也会越来越明显。这个时候怎么将妈妈邀请到与青春期女儿的沟通中呢？这么做之前，必须考虑女儿和妈妈的关系与情感状态。

如果妈妈一直参与女儿的成长过程，女儿一直跟妈妈有来往，妈妈就会主动站出来，和女儿谈论一些青春期的话题。妈妈自然而然地会主动跟女儿进行青春期性教育。

如果妈妈和女儿很少有来往，比如妈妈在国外，或者妈妈已经组建了自己的家庭，有了新的孩子。这个时候，爸爸要邀请妈妈参与沟通就要多加考虑，潜在的风险也会很大。此时，爸爸可以寻找专业人士的帮助，比如与心理咨询师探讨和分析其中的利弊关系。咨询师见到的案例比较多，对于孩子的成长也更有经验，会给爸爸一些帮助和建议。

◎ 单亲爸爸需要的特质

单亲爸爸养育孩子是很困难的，那些能够成功养育孩子的单亲爸爸身上一定会有一些特质，帮助他们做到这件事。

一是愿意和孩子在一起。首先，单亲爸爸必须是愿意和孩子生活在一起的人。喜欢小孩的男人往往是那些小时候被充分爱过的人，在原生家庭中他们得到了足够的关爱，才会在之后的生活中忍受养育孩子的烦琐与疲累，从内心喜欢孩子的存在。

二是善解人意。此类爸爸往往是善解人意的人。如果他很偏执，很难理解和沟通，那么他养育长大的孩子大部分会成为回避型的人。这样的孩子很难表达感情，成长过程中缺少理解，不合群，不容易敞开心扉。

三是愿意进厨房。很重要的是，此类爸爸是愿意进厨房的人。小孩子的成长是万万离不开厨房的，小孩子最喜欢看到的妈妈的样子就是妈妈系着围裙在厨房里忙碌。如果妈妈离开了，爸爸就要扮演这个角色。如果爸爸极力回避进厨房，总是订外卖，总是在外面吃饭，孩子对家的印象就是冷锅冷灶，始终找不到家的温暖感觉。到了青春期，也会对家有失望的感觉，心灰意懒。偶尔爸爸要烧饭，也会说不需要。有时候，爸爸会请奶奶来做饭，但这其实就是奶奶在带孩子，我会在之后讨论这个话题。孩子将来自己组建家庭，也会回避厨房，伴侣在厨房忙碌时，反而会嫌弃地说，"烧什么饭，吃外卖就行了，还简单省事"。如果伴侣不是在这样的家庭中成长的，就很难理解这些，会觉得另一半对家庭的投入不够。

总之，一个男人独自带大女儿是个巨大的挑战，肯定比事业上获得成功更有难度，可以说这是一项生命级别的挑战。单亲爸爸要多方面寻求支持和帮助，必要的时候请专业人士帮忙，把养育女儿的责任扛起来。

单亲爸爸如何与儿子沟通

未来单身父母抚养孩子的情况会越来越普遍，本来青春期孩子的教养就很难，单亲父母更需要智慧和方法。单亲爸爸和儿子相处会有不同的表现，要点是寻找与儿子做朋友的感觉。

此外，要提醒单亲爸爸，不要负面评价孩子的妈妈。单亲爸爸和儿子一起生活，这样的家庭结构所占比例很低。这种家庭结构意味着，妈妈放弃了孩子。如果单亲爸爸没有意识到这个问题的重要性，告诉孩子"妈妈不要你了"，孩子就会大受打击。再没有一件事情比妈妈不要自己更严重！所以爸爸在和孩子解释妈妈的离开

时，一定要注意，不能负面评价妈妈——这个世界上如果有一个人不能被侮辱，那就是妈妈。同时也不能无遮拦地告诉孩子他被放弃了，这会让孩子觉得自己是一个不重要的人，内心很伤感。

◎ 不做过于控制的爸爸

爸爸太有控制欲，会事无巨细地管教儿子。这样的爸爸和儿子在一起会一直发生冲突，鸡毛蒜皮的事情都要一争高下。

有些爸爸觉得自己一个人带孩子，责任心要强，对孩子很严苛。这样的爸爸付出很多，在儿子小的时候，他和儿子的关系要比双亲家庭中的爸爸和孩子的关系亲密得多。这一阶段他参加家长会，为儿子打理生活，儿子有什么样的好朋友他都知道，父子都很享受这种关系。但是到了青春期，儿子开始不接受这种管束。在青春期，孩子要和爸爸拉远距离，这时候爸爸会很担心他的选择是错的，会造成一些不好的结果，所以反倒会加强控制。因为爸爸和儿子关系很紧密，会不停地讲道理，无形中把妈妈的角色也放在自己身上。这样一来，冲突会很明显，彼此伤害。儿子可能会出现离家出走等情况，同时，儿子一旦开始反抗，其内心很冲突，会觉得自己是不孝子，伤害了把自己含辛茹苦带大的父亲。如果他这样界定自己，在其后的社会互动中，他会出现什么样的行为就可想而知了。

◎ 不做过于疏远的爸爸

单身爸爸和儿子的关系还会出现另一个极端，就是彼此很疏远。这样的爸爸可能工作比较忙，工作上有什么活动他不太会顾及孩子，总是照去不误，经常因为应酬很晚回家，回家的时候孩子已经睡了。在这样的爸爸看来，只要给孩子钱，让他不饿死就行了，自己也是这样长大的。

按理说，青春期的孩子正好需要父母多给自己一些空间和自由，可是在这种情况下孩子并不幸福和开心。因为他们内心特别伤感，妈妈不要他了，爸爸更在乎自己的事业，没人关心他。不管哪个阶段，孩子都需要关爱；关爱可以少一点，但不能没有。

这种爸爸平时跟孩子在一起的时间很少，即使在一起，也总是要么问学习状况，要么问考试成绩，很少关心孩子的情绪状态。这种疏离让爸爸和孩子关系冷淡，孩子对爸爸心灰意冷。如果爸爸在外边有女朋友，甚至频繁更换女朋友，儿子还会对爸爸有厌恶感。

◎ 和儿子成为朋友与寻求支持

在儿子小的时候，单亲爸爸是很辛苦的。到了青春期，爸爸可以稍微轻松一些，放松管束，让孩子自我管理。如果能够找到跟孩子做朋友的感觉，就更好了。

单亲爸爸可以经常跟孩子讲讲自己在孩子这个年龄时是什么样子的，喜欢做什么事，有过什么样的朋友。这类父亲的生命历程的讲述很受儿子的欢迎，如果善于跟儿子交流，又能欣赏儿子，儿子会成长得很棒。

如果爸爸和儿子实在很难相处，可以考虑在家中增加一个人，比如再婚。人的特点不同，有些爸爸本身性格粗糙，照顾孩子时错误百出，孩子很难被精细照顾。这个时候如果有人帮忙，爸爸的压力会减轻很多。孩子进入青春期，不像在小学之前，继母进入家庭中对他的影响相对较小；他们也不再惧怕继母，更能理解爸爸。虽然继母想要影响和改变孩子很有难度，但是如果能够在生活中照顾孩子，对孩子的帮助就会很大，孩子也很需要这种照顾。

爸爸也需要有学习的意识和行动，要了解青春期孩子的心理发展特点和儿子的兴趣爱好，才能更好地和儿子沟通。如果沟通不尽如人意，就要获得专业人士的帮助。在青春期前期，如果爸爸和儿子的沟通比较顺利，到了青春期，彼此的关系就会顺畅很多。那个时候，儿子就会和爸爸互换角色，成为爸爸的帮手甚至保护者，爸爸也会感觉轻松很多。

第四章

青春期孩子的同伴关系

对青春期孩子来说,同伴关系格外重要,它甚至会影响其学习和性格发展。同时,培养孩子的社交能力时,父母要以身作则,多给孩子练习的机会。

学会社交也是孩子的成长任务之一，父母不能因为过分看重学习而忽视培养孩子的社交能力。孩子的社交能力往往与父母有直接关系，最初的社交学习就是孩子对父母的社交行为的模仿。如果父母将自己封闭在家里，不跟别人来往，孩子就丧失了社交机会。父母可以根据孩子的不同年龄，从不同方面培养孩子的社交能力。

父母要成为孩子的社交榜样

　　客厅一般是招待客人的场所，如果有客人来家里做客，父母要带领孩子招待客人。在这个过程中，要让孩子帮忙端茶送水，教会孩子如何跟客人打招呼，怎样寒暄。

　　客厅是最好的学习社交的场所，父母的行为对孩子来说是最直接的社交教材。如果父母社交圈很小，家里甚至没有人来，孩子就根本没有机会看到父母是如何社交的，他们对自身的社交能力也会缺乏信心。等到某一天家里终于来了一位客人，反倒会逃到自己的房间里不出来。

　　因而，父母要注重拓宽自己的人际圈，经常邀请朋友来家里做客。打开家门就像打开国门一样重要——打开国门是提升国民素质的最佳途径，打开家门是提高孩子的社交能力的最佳方法。对于孩子的社交生活，父母的榜样作用至关重要。

◎ 主动创造机会让孩子解决问题

在孩子长大之后,父母会有很多机会带着孩子走出家门,比如外出旅游。旅游是需要提前准备好和注意很多细节的活动,在出行的过程中也会有很多沟通机会。这个时候,父母可以主动让孩子做一些力所能及的事情,比如问路、进行酒店住宿登记、买票、买饮料等。这些事情他们完全有能力做好,父母只需要跟在他们身后,保障其安全。孩子如果能处理好这些事,社交的自信心就会增加,出门在外时他们就确定自己可以主动和别人打招呼,开始进行人际交往。

◎ 通过重大活动教会孩子社交礼节

生活中总是会有一些重大的活动,比如举办婚礼或葬礼等。参加这些活动是一个特别好的教导孩子社交礼节的机会。

在参加某项活动之前,父母要提前跟孩子沟通,甚至要给孩子上课。首先告诉孩子,这项活动的目的是什么,让孩子理解发生了什么事。其次告诉孩子,他在这个活动中应该做什么,比如他应该说什么话,他的整个情绪基调应该是什么样的。有些孩子在葬礼上大笑、嬉闹,就是缺乏社交礼节的表现,会被别人指责的。在婚礼上,孩子面对长辈应该注意什么,对新娘和新郎应该说什么话,当婚礼进行到某个时刻,孩子应该做什么……这些都要事先跟孩子讲解,在必要的时候甚至要演练一下。孩子按照父母的指导做得很好时,他也会受到别人的表扬,这种成就感会让他之后对礼节更加注意,再遇到类似的场合也会更有信心。

◎ 教会孩子真诚分享

朋友就要相互陪伴和相互支持,真诚分享是友谊的核心。

父母在和孩子沟通的时候,要经常谈谈父母小的时候有多少朋友,和朋友在一起时会做些什么事情,会谈论些什么,后来关系怎么改变了,发生了什么矛盾以及如何解决。通过分享这些经历,父母明确告诉孩子一个道理:对待朋友要用心,要真诚分享自己的经历。比如,孩子看了一场好看的电影,可以鼓励她跟好朋友分享电影内容,或者鼓励她下次和好朋友一起看电影。再比如,孩子的好朋友的父母在闹离婚,要引导孩子看到好朋友的伤心,让孩子关心和安慰好朋友。有了这种真诚分享的好心态,孩子很容易结交朋友。

我曾遇到一些父母,他们自身视野狭隘,在跟孩子沟通的时候,总是询问孩子在群体中的生存状态。尤其是一些妈妈,会经常问孩子是否吃亏了。比如,最近和谁一起出去玩了,花了多少钱,有没有实行 AA 制,为什么自家孩子付出得多。同时又特别容易评价别人,而且常常是负面评价。久而久之,孩子的社交心态出现问题,他开始处处防范别人,在人群中表现得手足无措。因为妈妈传递的信号就是别人不是友好的,他受到了影响。在人群中,别人不经意的一个眼神,就会让他思考很多,觉得别人可能在说他的坏话。因为紧张,他会很不舒服,整个表情和身体姿势都很怪,自然也不会被别人喜欢。他因而退出人群,变得孤僻。这样的女孩子还是蛮多的，尤其是一些高中女生，她们人际关系的状态很大程度上和妈妈的算计与唠叨有关。

父母了解这些后，在培养孩子的社交能力时要更有方向和针对性，避开误区，切实提高孩子的社交能力。

孩子为何交不到朋友

有些孩子交不到朋友，常被排挤，这是一个必须重视的问题。缺乏社交技巧、社交心态不良、个性缺陷是常见的原因，针对不同的原因要采取不同的办法。

◎ 缺乏社交技巧

缺乏社交技巧的孩子遇到他人时，往往不懂得如何寒暄，如何跟他人打招呼，谈论哪些话题，所以总是无话可说，反应失措，很难建立友善关系，不得不独来独往。

首先，孩子缺乏社交技巧通常和其成长的家庭环境有关。这样的家庭通常很封闭，很少有朋友来做客，跟亲戚、邻居都老死不相往来，孩子根本没有机会看到父母如何招待客人。

如果是这种情况，父母要做的就是打开家门，欢迎朋友和邻居进入；而且要带着孩子待客，不要让他躲在房间里。父母的示范是最好的教材。

其次，要鼓励孩子广泛交友，不阻碍孩子。有一部分孩子缺乏社交技巧，是因为没有足够的交流对象。父母要反思自己是不是阻碍了孩子的社交，比如在孩子小的时候，他带一个小朋友来家里玩，父母觉得那个小朋友行为不佳，不允许孩子跟他玩。虽然父母是好心提醒，不希望孩子受到坏行为的影响，但是这减少了孩子的社交机会，孩子没有同伴相处，更别提练习社交技巧了。

这种情况就要鼓励孩子广泛交友，不管是同性朋友还是异性朋友，都尽可能与其互动。青春期孩子的同伴关系是最重要的，要当成头等大事看待。孩子有很多朋友，才会在其他方面有自信心。在现在的社会环境中，对于住在高楼大厦里的孩子，最大的麻烦是交不到朋友。在这种情况下，父母还要求孩子交什么层次或类型的朋友，对于孩子就是很大的限制，因为增加了社交难度。

◎ 社交心态不良

有些孩子被排挤是因为社交心态不良，比如在人群中总是敏感多疑，经常捕捉负面信号，表现得手足无措。别人不经意的眼神都让他们浮想联翩，在人群中特别有压力，因而逃避人群。

这种情况在女生中比较常见，她们的背后往往藏着一位唠唠叨叨、鬼鬼祟祟的妈妈。这样的妈妈自身的社交心态就有问题，会过度关注孩子在群体中的表现，经常问"谁不喜欢你""为什么别人不喜欢你""为什么你不和她做好朋友了"之类的问题。这样的催眠式询问就是在不断提醒孩子，群体中的人都不怀好意，社交中有很多陷阱需要防范。她们在人群中首先考虑的不是如何付出，而是如何避免批评和指责。

更合适的做法是，妈妈多跟青春期孩子分享自己的成长经历，比如妈妈在孩子这个年龄有几个朋友，是怎么认识的、发生过什么矛盾，关系有过什么样的变化，后来是怎么和好的，心得是什么，等等。这种分享就是要告诉孩子，友谊是要分享的，要在心里装着别人，别人才会把你当朋友。孩子的心态改变了，也就更容易交到朋友了。

◎ 个性缺陷

还有一类孩子有明显的个性缺陷，别人自然会远离他。父母要联络孩子的老师或者身边人，通过大家的观察和反馈，发现孩子的问题。比如，有些孩子既自恋又自私，大家都不喜欢他；班级要进行大扫除，别人都在扫地，他却跑开了，别人扫完了他才回来。有些孩子一听到老师表扬别人就不开心，表扬他的时候他又特别嘚瑟。这样的孩子通常还意识不到自己的问题。

很多人格缺陷在不同性别的人群中所占比例不同，比如男生更容易偏执，而自恋所占比例相当，各为一半。

因个性缺陷被排斥的现象越来越多，这也在一定程度上说明，现在的社会环境对孩子的个性发展是不利的。孩子能够看到很多奇奇怪怪的观念和个性，它们不断被媒体放大甚至扭曲，孩子会受到不良影响。这样的孩子即使顺利进入名牌大学，当他毕业后走向社会的时候，也很难在人群中立足。

父母发现孩子的个性缺陷时,应该特别重视这一问题。最有用的是要早发现,比如孩子是一进入幼儿园就出现个性缺陷,还是上了初中才如此?不要等到孩子上了高中才发现,那时候问题已经固化了。

单凭父母的力量去改变孩子是很难的,个性也不是一朝一夕形成的。父母最好听从专业咨询师的建议,帮助孩子正确面对个性缺陷,使其个性得到改善,能够与部分人顺利交往。

专业咨询师会进行全面评估,告诉父母孩子问题的性质和严重程度,为何形成这样的个性,父母应该做哪些调整。咨询师会经常和孩子讨论,因为这类孩子对事物的认知和正常孩子的认知不一样。

当然,即便有咨询师的帮助,改变可能也不大,因为个性具有稳定性,就像俗话所说,江山易改,本性难移。

孩子结交网友

现在网络发达,很多孩子在社交平台或游戏平台上都结交网友,关系往往很亲密,要好程度甚至超过了现实生活中的朋友。但网友不是现实生活中的同学,会有很多不确定性,这也引发父母的诸多忧虑。

◎ 结交网友是现实生活中交友的一种补充

有些孩子在现实生活中交友能力比较差,通过网络认识朋友就成为一个很好的交友补充方式。对于青春期的孩子，同伴关系非常重要。即使他在生活中缺少朋友，如果在网络上他有很多朋友，并且相处得很好，他也会觉得自己是善于交朋友的人，并因此得到满足，这时候虚拟和现实的区别已经没有那么大了。父母要多以正面、积极的心态看待网友，网友没有那么可怕。

举个例子：

> 有两个都比较内向的孩子，他们通过网络认识了对方，聊天时惺惺相惜，无话不谈，关系越来越好，有一天他们决定见面，将虚拟的关系搬到现实中。但是往往在这个时候，父母开始担心。孩子暑假里告诉妈妈，他要去西安，要去见一个朋友。妈妈觉得很意外，孩子怎么会有一个那么远的朋友？孩子说是网友，认识好几年了，约定要见面，父母脑中立刻出现各种可怕的情境，诸如孩子被绑架、拐卖、欺骗、伤害等。孩子觉得自己和对方认识这么多年，对方不会这么做。这时候就出现了矛盾，孩子有强烈的冲动去见面，充满期盼；父母内心充满担心和害怕。
>
> 如果要见网友的是个女孩子，父母的担心会更甚。父母会关心是否要与男孩子见面，对方是不是骗子，会不会图谋不轨，等等。他们非常紧张，总觉得对方想占女儿便宜，似乎女儿不是去见网友，而是去见"猛虎"。

虚拟关系的确存在很多不确定性，所以大家通常也能理解父母的担忧。但大可不必如此忧虑，网友并非野兽，留心安全即可。

◎ 如何面对孩子的网友

网友并非全是坏人，当然也不可能全是好人。就像现实生活一样，朋友总是各式各样的。但凡要见面的网友，一定是聊了一段时间了，刚认识两三天就要见面的很少见。父母可怕的描述多数来自他们自身的想象。

如果父母担心孩子识人经验不足，完全可以帮助孩子作判断。父母可以坦诚地告诉孩子自己的顾虑，让孩子告诉自己他与网友交往的细节，相信孩子会对对方有一定了解。如果孩子能够说出很多细节，诸如他家住在哪里，他就读哪个学校，他在哪里上补习班，父母完全有能力根据这些信息作出判断。

孩子对于见网友也并非完全没有警惕之心，只是他们的期盼大于担心。如果实在不放心，父母可以征求孩子的意见，陪着孩子去见面。这个时候如果父母能够坦诚地提出要陪着孩子去，孩子能感觉到父母对自己的关心。

比如案例中要去西安见网友的孩子，父母就可以策划一次旅游，陪着孩子去。孩子可以与网友见面，父母顺便旅游，两全其美。这样的方式比瞎担心更能解决问题，也是增进亲子沟通的机会。

此外，见网友并不意味着什么。人在虚拟环境和现实环境中的表现是有区别的，见了面也不一定会继续发展。有些人在网上可以侃侃而谈，但在现实中就显得很无趣。很多人见网友后往往会失望，因为打破未知的神秘感之后，会发现这一切并没有想象中美好。所以见面之后，可能还是觉得在网上聊天比较好，并不一定会在现实生活中发展关系。

对于孩子，见网友有时候是结束而非开始。父母总是不让去，反倒会增强他对对方的期待。

孩子结交的朋友"三观"不正

青春期的孩子如果结交了"三观"（世界观、价值观、人生观）不正的朋友，父母就会非常担心自家孩子受到坏影响。如果出手拆散他们，他们反倒会抱团对抗父母。

父母要智慧、平等地提出意见，帮助孩子去区分和判断。

◎ 要重视孩子结交的朋友

结交"三观"不正的朋友常见于高中生，因为高中生才有了"三观"的雏形，初中生还没有形成稳定的"三观"。

"三观"不正是一件很可怕的事情，咨询师在临床中经常会遇到这样的孩子。例如，曾有一个孩子说："世界上每个人都会抢占资源，就像有一锅粥，强的人抢到大勺子，弱的人抢到小勺子。"这种"抢"字在前的"三观"，势必影响孩子的发展。咨询师会问这个孩子："如果你是那个能力强的人，抢到了大勺子，你愿不愿意分一些粥给那些没有抢到勺子的人？如果你是那个没有抢到勺子的人，你愿不愿意接受别人分给你的粥？"这就是在引导孩子的"三观"，让他从"抢"过渡到"分享"。

孩子"三观"的形成肯定受家庭的影响。很多父母也持有这样的"三观"，只是成人会粉饰自己的想法。这种争抢观对孩子的影响很深刻，现在很多高中生不愿意学习，就是价值取向出了问题。

如果孩子结交了这样的朋友，父母很难用粗暴、简单的方式拆散他们。对于青春期孩子，他们更重视同伴关系，其重要性甚至超越了亲子关系的重要性。父母的干涉反倒会增进他们的友谊，他们可能会抱成团反抗父母，这个时候他们之间的摩擦减少了，更加"志同道合"。

◎ 用接纳的态度对待孩子的朋友

父母完全可以用接纳的态度对待和观察孩子的朋友。可以邀请孩子的朋友来家里做客，在相处过程中观察他们。见过几次面后，父母也许会发现，这些孩子并没有之前想象中那样顽劣，或者其激烈、不当行为的背后有家庭方面的原因，父母对这些孩子的理解就会更深入。父母作为成年人，如果能给予这些孩子家庭的温暖和成人的引导，他们的行为在一定程度上会有所改变，这对所有孩子来说都有好处，是一种共赢。

当然，如果父母观察了一段时间，发现这些朋友的确品行不良，"三观"不正，而且没有办法改变，就可以和孩子理智地讨论这件事。

首先，要认可孩子有选择朋友的权利和交朋友的能力。可以告诉孩子："你认可的朋友爸妈都可以接纳。你能够有好朋友，爸妈为你自豪和开心。"

其次，坦诚地表达自己的一些观察和想法。比如，对孩子说："我们作为父母对你的朋友做了一些观察，他身上有一些优点，尤其是……这让我们很欣赏。不过，我们也看到他身上的一些不足……就像爸爸有不足一样，每个人都不是完人。"

在这之后就要引导孩子，但依旧将选择权交给孩子，让孩子对自己的选择负责。"面对好朋友的这些不足，你能够做些什么？这些不足肯定会对其未来发展不利，而他是你的好朋友，真正的好朋友就是在关键时刻拉朋友一把的人。"如果孩子去帮助朋友，双方都有很大的进步，不良影响也就不攻自破了。

如果孩子觉得自己没有能力帮助朋友，也可以和孩子讨论，让他看到在这段关系中自己的位置："如果你觉得自己对朋友没有影响力，是不是意味着在这段关系中，对方的影响力更大一些？他会不会反过来影响你？你可以做些什么事情避免负面影响？比如我们可以判断和区分一下，什么活动可以一起做，什么活动尽量不参与……"

父母以一种接纳的态度跟孩子沟通，不急着去否定，先观察，然后站在孩子的角度给他们提出一些建议，尊重孩子自己的选择和判断，孩子就会思考这些问题，他们也会觉得父母说的有道理，逐渐会疏远这些朋友，寻找更合适的同伴。

孩子遭遇了校园暴力

校园本是一个读书、学习的地方，但是它同时也是一个小社会，会有各种不满和冲突。父母经常会对报道出来的校园暴力事件深感震惊，孩子怎么会这么残忍地对待同伴？自己的孩子遭遇校园暴力怎么办？

◎ 校园暴力为何发生

在一定程度上，我们现在过分关注考试排名和学业评价的教育现状，就在制造和强化学生内心的竞争。他们对同伴有很多不满，因为他们和同伴是竞争对手。面对竞争对手，就要努力打败或超越他们。这种感觉会淹没来自同伴的情感上的支持，在他们看来，同伴不是需要帮助、爱护和温暖的对象。因而会出现这样的现象：一些成绩差的学生在学习上一直受挫，一直处于竞争失败者的位置，但是有一天他们发现自己体力强悍，在这方面有压倒性优势，随之而来的就是校园暴力。

还有一些学生，他们长期背负着学业压力，心理状态很差，内心压抑的情绪一直得不到宣泄，总要寻找发泄的出口，施暴就很可能成为一种发泄情绪的方式。对于这样的孩子，施暴行为也是我们了解他们的一个信号。只有关注他们的情绪，找到问题的根源，才能更好地帮助他们，引导他们用更积极、恰当的方式管理情绪。

有些孩子本身就是家庭暴力的受害者，在家里他们会因各种细枝末节受到不人道的对待。这样的孩子很容易习得暴力解决问题的方式，在冲突中对别人施暴。

班主任通过家访会了解这些问题。解决问题的关键是，父母要有所改变，认识到自己的行为对孩子的负面影响。如果父母能够跟孩子道歉，承认自己的错误，承认自己作为父母的不足之处，孩子内心的愤怒会得到释放，他们也就不需要通过施暴来满足内心的需要了。

◎ 班主任和心理老师要积极引导

在上海或者其他一些大城市，校园暴力常见的方式是语言上的冷暴力，比如嘲笑、讽刺。当然，也可能出现肢体上的暴力行为，比如殴打他人。

校园暴力经常出现在初中阶段，相比而言，高中生更容易把注意力放在学习上。初中生的价值体系还没有完全建立，身体快速发育又让他们有了成人感，他们特别需要师长的引导。出现校园暴力，学校的责任是很大的，尤其是班主任，其管理工作显然没有做到位。如果班级很有凝聚力，班主任带着爱和关怀关心班里的弱势孩子，其他同学也能从班主任的态度中学习到弱者应该怎样被对待，倚强凌弱的事件就不容易发生。

减少校园暴力，可以从班主任的管理工作开始，这也是从源头上遏制暴力事件的发生。首先，班主任要营造一个和谐、互助的班级氛围。比如，有些学生在学业上有困难，就号召其他成绩好的同学帮助他们；如果某个学生经济上有困难，也可以号召其他同学给予经济援助。

其次，要树立良好的班风，引导学生建立深厚的友谊。让学生们认识到，初中阶段就是彼此陪伴、共同成长的阶段。大家能够聚在一起，享受三四年的同窗情谊，是多么大的缘分，要珍惜这段时光。

班会是班主任特别好的管理工具。如果有校园暴力的苗头出现，班主任可以通过班会来引导。比如，可以让有暴力苗头的孩子分享自己的感受，也可以通过游戏进行角色扮演。讲述隐喻故事是特别好的方法："森林里有两只猫，一只小黑猫，一只小白猫。小黑猫总是欺负小白猫……"学生可以在这类隐喻故事中表达想法，小黑猫为什么欺负小白猫，小白猫被欺负之后会怎么样，这类问题都可以被讨论。孩子在听的过程中就在学习恰当的人际交往方式。

一旦发生校园暴力，孩子的心灵会遭受创伤。暴力事件的承受者最好得到专业的心理老师的陪伴，因为创伤性事件会让孩子产生很多应激反应，如果不恰当处理，可能会在之后出现各种问题，例如神经症、抑郁症，甚至包括精神分裂症。

对于施暴的学生，一方面要按照法规进行惩罚，另一方面也要关注施暴者行为背后的原因。施暴者也是处在青春期的孩子，单纯的惩罚只能让他深感恐惧，他的内心世界在一段时间内也会很混乱，施暴行为不能根除。

这也对学校里配备的心理老师提出了很高要求。在校园暴力发生之后，他既要处理承受者的创伤，又要引导施暴者改变行为，还要指导父母和班主任怎么做；此外，旁观和见证暴力行为的学生可能也需要心理干预。

第五章

青春期孩子的情感困惑与性启蒙

青春期孩子的恋爱最初是模仿,之后是真正感情的萌发。他们会为这种新产生的感情激动不已,甚至走向极端,不管不顾。这是孩子感情世界改天换地的阶段,父母要尊重孩子的感情发展,用适当的方式进行性启蒙。

青春期孩子陷入早恋或网恋

在父母的心中，学生就应该以学业为重。如果发现孩子陷入早恋或网恋，就会如临大敌，担心孩子的学习受到影响。这时候父母经常会使出一些昏招，因为处理不当，孩子与其翻脸，甚至离家出走或者自杀。

父母当然不可能置之不理，但要关注的并不是恋爱，而是如何避免负面影响。

◎ 初中生的恋爱常常是一种模仿

我们如何界定早恋？其实无所谓早不早，恋爱来了挡也挡不住。不过，初中生的恋爱常常是一种模仿。这个阶段的男孩子要比女孩子成熟得晚，他们更多的时候是在模拟恋爱，写情书、表白、秀恩爱等。看起来就像真的在谈恋爱，其实他们和异性朋友在一起时，其情形与和同性朋友在一起的样子差不多。即使一些孩子主动追求他人，其最初动机也往往出于对成人行为的模仿。如果父母并不在意，他们相处一段时间就散了。父母贴一个"早恋"的标签给他们，反倒会搞出事情来。

举个例子：

有一个女生，学习成绩很好。她经常和同班的一个男生一起玩，而这个男生的成绩很差。老师发现后，马上叫来了父母,给父母敲警钟,觉得这样下去一定会影响女生的成绩。妈妈告诉爸爸,爸爸第二天就站在学校门口等着男生出来,见到他就直接警告:"以后不许再找我女儿,你这样的成绩根本配不上她!小小年纪不好好学习,谈什么恋爱!"

男生深感屈辱,从此抗拒去学校。女生的成绩也直线下滑,她用成绩下降告诉父母:"担心影响我的成绩?那就差给你们看!"

再举一个例子:

有个男生,上初一,是理科班的学生,成绩很好,经常参加各种数学比赛。他和某个女生住得比较近,会同行一段路,所以经常和她一起走回家。这个男生的爸爸偶尔在路上看到了两个孩子,回到家告诉了妻子。妈妈一听急了,赶紧询问儿子的班主任,并且告诉老师要严肃处理,认为儿子刚刚上初一,如果受到影响,以前的成绩再好也没用。班主任的处理方式也比较简单、粗糙,他把两个孩子叫到办公室,直接告诉他们,男生和女生不要凑在一起,要以学习为重。女生从此不理男生了,男生开始隔三岔五不交作业,不去上学。

来到心理咨询室的时候,这个男生已经彻底不去上学了。咨询师反问妈妈:"这是你想要的结果吗?"

事情本来可以无声无息地结束,成年之后不失为一个美好的回

忆，父母不要强行介入，将它变成一个噩梦。

◎ 父母如何面对孩子初萌的感情

初中阶段，因为女孩子早熟，在关系中会更为主动。这个时候初中女生的妈妈就要注意，要跟孩子讨论性骚扰的问题。妈妈要告诉女儿，身上三角裤和背心覆盖的区域是不能随意碰的；女孩子要爱护自己的身体。这个阶段的男孩子还比较幼稚，往往不能主导关系发展。

有些父母会问："我儿子在追女孩子，怎么办？"父母不用太在意，这种行为具有模仿性质。父母的应对方式是鼓励孩子广泛交友，淡化恋爱色彩。可以对孩子说："这个年龄段当然要学着交朋友，你有多少同性朋友和异性朋友？"父母的语气让孩子明确感知到，异性朋友只是朋友的一种。孩子广泛交往异性朋友，早恋也就不是问题了。

进入高中后，这种行为开始有了质的改变，开始真正谈恋爱了。尤其是男孩子，他们主动性增强，开始引领恋爱关系的发展。其实很多夫妻都是在高中阶段开始谈恋爱，之后走到一起的，后来不是过得很好嘛！这个时候不让孩子谈恋爱，到了大学毕业又要开始催婚了！

当然，很多时候父母不是反对孩子谈恋爱，而是担心孩子谈恋爱影响学业。所以理清了需求后，父母就明白，要做的是让孩子尽量不因为恋爱而影响学习。

如果一对孩子关系很好，相互促进，学习热情猛增，父母根本不需要介入。这种情况也很常见，尤其是男孩子，恋爱就是他们最大和最直接的动力。

当孩子的成绩受到了影响，而且是因为陷入恋爱才如此，这个时候父母才需要介入，但一定要注意介入方式。

共同的原则是，不要盲目地反对孩子的恋爱。外部的阻挠会被孩子看成考验彼此的机会，反倒成为结成同盟的"鸳鸯"。曾有一个例子，上高三的一对恋人，彼此成绩都很好，父母和老师对他们抱有很高的期待，但是看着他们热火朝天地谈恋爱，父母、班主任、教导主任就凑在一起商量该怎么办。结果适得其反，两个孩子很伤心，为了反抗竟然决定不参加高考了。这就是不恰当管理、不顾一切地介入的后果。

◎ 那些陷入网恋的孩子

如果两个孩子陷入网恋中，只是谈谈心，关心一下彼此，就不必在意。像之前提到的，父母不用介入，让他们的感情自然发展即可。

如果已经到了彼此不能分离，甚至开始考虑去对方的城市，或者同居的阶段，就会比较棘手，因为高中生完全可以在外谋生了。这种时候，父母简单、粗暴地下命令让孩子分手，只会让孩子远离父母。

我曾遇到一个女生，是个高中生，喜欢上一个网友，书都不读

了,要跑到另一个城市跟网友在一起。父母当然很着急,又不知道该怎么做。

父母可以告诉女儿,婚姻是需要长远考虑的事情,关系到后半生的幸福;来日方长,建议她不要急着作决定,多观察和了解对方,包括对方的性情、行为方式、家庭背景、成长经历等。为了安抚女儿,父母也要多了解对方,适当时候可以请对方来家里玩,逢年过节两家还可以聚一聚。这样可以防范太出格的事情发生,之后何去何从,就是他们自己的事情了。

如果父母认为对方是骗子,但孩子不肯醒悟,怎么办?父母完全可以请孩子的网友来家里做客,在饭桌上考察这个人。真正接触一下,根据自己的经验作判断。要圆一个谎容易,圆一堆谎言可就难了。如果真是骗子,在父母面前也很难骗下去;父母介入后,风险增高了,真正的骗子就被吓走了。

当孩子遭遇表白

情窦初开后,有喜欢的人或者被人喜欢都很正常,但恋爱不是只有甜蜜,更多的时候,孩子也会为此苦恼。有些孩子很出色,吸引了很多目光,他们常常被表白,但不知道该如何应对,反而深感烦恼。被人表白基本上算是一件美好的事,可以帮助孩子学会如何应对他人的爱慕。

初中生就开始有这样的烦恼,某一天他的异性同学向他告白,可能是通过微信,可能是写了一封情书,也可能是直接告诉他。通常来说，面对表白，孩子的内心其实是很兴奋的。对于任何一个孩子，有人喜欢都是一件值得骄傲和得意的事情。但是很快，他们也开始焦虑，因为不知道怎样回应对方，左右为难。

人际交往是青春期孩子要学习的课题。既然要学习，就意味着很多孩子缺乏技巧。不要说异性的表白，哪怕同性朋友与他打招呼，有些孩子都可能感觉不自在，不知如何坦然面对。

我曾经见过一个女孩子，有人跟她表白，她居然号啕大哭。旁观的人就很难理解她的行为，认为她可能害怕或者讨厌对方。其实她内心既兴奋又不知所措，一下子暴露在巨大的情感冲击之下，索性采取了小孩子的应对方式。

父母要理解孩子的这种矛盾心理，如果有人向自己的孩子表白，他有些无措，不要马上给孩子出主意。这是孩子学习交往的一个绝佳机会，首先要了解孩子内心的感受，然后根据不同的情况，给予孩子相应的建议。

比如有些男孩子，因为晚熟，对感情还没有开窍。这个时候有女生跟他表白，一下子就懵了。根据反应父母就明白，自己的孩子不想谈恋爱。可以与孩子讨论，如何回复对方。比如谢谢对方的喜欢，这种感情非常珍贵，大家可以做好朋友，共同努力，一起成长。为了孩子的长远发展，父母可以鼓励孩子结交更多的朋友，因为这是他们这个年龄阶段的发展任务。

有些孩子会反应过度，说自己不喜欢对方，对方的表白简直是对他的羞辱。父母就要跟孩子讨论——孩子不喜欢对方是他的权利，对方喜欢他也是对方的权利。喜欢本身是没有错的，更不应该

因此恼怒。然后探讨具体的拒绝方法，最好考虑对方的感受，采用适当的方式。

如果孩子被表白之后说自己也喜欢对方，但是不知道接下来怎么办，并为此苦恼，父母也要及时肯定对方的勇敢和真心，鼓励孩子看到感情中幸福、美好的一面。结交朋友是这个年龄阶段的任务，其中也包括结交异性朋友，可以鼓励孩子多和异性朋友相处。与孩子讨论接下来的应对方法，提醒他毕竟都是学生，还要以学业为重，可以从做朋友开始，这样心理负担也会减轻。

如果孩子喜欢同性

◎ 青春期孩子喜欢同性并不必然成为同性恋

有时候青春期的孩子喜欢同性，是因为同性更好相处。这个年龄阶段的孩子还在学习人际交往技巧，相比之下，他们跟同性更容易相处，跟异性相处难度略高，容易把握不好尺度。到了青春期，正好是激情澎湃的年龄，他们很容易找同性倾诉自己的情感，将情感投射在同性身上。所以这个年龄阶段的孩子喜欢同性有合理性，并不必然代表他是同性恋。

如果某个学生表现出对同性的喜爱，或者在追求另一位同性，父母和老师千万不能给孩子扣上同性恋的帽子，更不能打压孩子。如果这么做，孩子会受到很深的伤害，会觉得自己喜欢同性的行为非常不堪，会被别人耻笑，是件很丑陋的事情。如果别人都不接受他,他将会多么恐慌!很多高中生并不确定自己的性取向,但当他对同性有好感,马上就会背负巨大的心理压力。在当前文化背景下,很多父母是不接受同性恋的,他会担心将来如何面对父母,很可能会全面崩溃,陷入抑郁状态。

在这个年龄阶段,青春期孩子开始探索自己的性取向。很多时候他们只是喜欢某一个同性伙伴,有时候会误以为自己是同性恋,过几年可能又发现自己是异性恋。所以父母要明白,性取向并没有他们认为的那么固定,对于孩子喜欢同性友人这件事不要大惊小怪。

◎ 性取向是基本人权

如果孩子明确告诉父母他的性取向是同性,父母可以告诉孩子,这是他的基本人权,没有对错之分,就像有些人喜欢用左手,有些人喜欢用右手一样,往往是天生的。不过,父母可以给孩子一个忠告——在这个年龄段不要轻易作决定,因为不管性取向是同性还是异性,此刻他们都不适合有性伴侣。等到未来有了性伴侣,他就可以明确自己的性取向,可能会变化,也可能没有变化,都不要紧。

如果父母能够用这样的态度和孩子沟通,孩子就会觉得很轻松,认为有什么样的性取向是个人的自由,不需要产生道德压力,就能够在高中阶段集中注意力处理学业问题。

心理咨询师会遇到不少案例,父母认为孩子有同性恋倾向,在

求助之前已经跟孩子谈论很多次了，明确要求孩子改变性取向，因为家庭和社会都难以接受。在这种态度的影响下，孩子越来越痛苦和紧张，内心充满冲突，极大地影响学习。孩子的成绩下滑，心理出现问题，这才是得不偿失。

给大家介绍一个案例：

> 某位高三男生，原来学习很好，后来发现自己很喜欢班级里的另一个男生，在学校也会一直关注这个男生，越来越强烈感觉到自己对他的喜欢，认为自己是同性恋。但是他没有向对方表白，而是忍受相思之苦。同时生怕老师、同学和父母发现，觉得自己是变态，是跟别人不同的人。所有这些感受他都深深地藏在心中，没有倾诉对象。在高三这种有巨大学业压力的学习阶段，他的心理冲突这么大，内心能量都被耗完了。当求助于心理咨询师之时，他已经很难完成作业，在学校注意力很难集中，完全不能听课，很多时候都趴在桌子上睡觉。他表示今年不能参加高考了，因为心里完全过不去这个坎。

咨询师就从孩子对同性恋的认知着手，帮助孩子抛弃心理包袱，重新找回自己的能量。

咨询师：即使你是同性恋，这也是你的权利。你觉得谁会不同意，谁有资格批判你？

来访者：如果我是同性恋，别人会不接受我的！

咨询师：对你来说，我也是他人。我简单、明确地告诉你,这是你的权利,没有妨碍别人,你就做你的同性恋好啦!我这么大年龄了都能接受,更何况年轻人?你自己觉得外界不接受,因而给自己设置了障碍。

当然,你现在没有性伴侣,也不适合这个阶段有性伴侣。只能等高考结束了,看看自己是否还陷入对同性的感情中,再去表达和思考未来的性取向。

经过沟通之后,来访者在咨询师这里获得了接纳和理解,回去之后觉得可以暂时把喜欢放在心里,等高考结束后再去表白。他去参加了高考,之后也找到了自己的幸福。如果父母和老师用粗暴的方式对待他,他后来肯定无法放下心理压力,可能人生因此不同了。

对于父母,不管孩子的性取向是什么,千万不要把简单的问题上升到道德的高度。父母要尊重孩子,选择什么样的性取向是基本人权。如果父母以这样的心态面对孩子,沟通起来就不会有困难。

青春期孩子爱上老师

师生恋是一个老生常谈的话题,很多有魅力的老师会成为青春期孩子的情感寄托对象。当孩子深陷其中,日思夜想,势必会对他们的情绪和学业产生影响。

一般来说,女生喜欢男老师更常见,男生喜欢女老师的比例会

低一些，因为女教师与男生的年龄差距大，女教师已成家的概率也更高。接下来主要谈一下女生喜欢男老师的情况。

◎ 如果初中女生爱上男老师

在初中阶段，女孩子喜欢男老师，这叫情窦初开，其实不是真正的爱。因为进入初中后，女生的情感世界快速发展，相较女生，男生会显得幼稚，男老师往往就比较成熟，很有魅力，女孩子会将自己的感情投注在老师身上，觉得自己强烈地爱上了老师。

这种现象还是比较普遍的，基本上都处在内心把玩自己的情感的状态，是女孩子的心理需要催生出的单方面的情感投注。很多时候她们不会表达出来，而是默默放在心里。随着时间的推移，这种感情有所变化，比如女孩子会发现，自己初一的时候特别喜欢某老师，初二的时候这种感情就不那么强烈了，到了初三甚至完全没有这种感觉了。这是这个年龄段的特点，她们的恋爱具有模仿和练习的性质，是被心理需要建构出来的。过了这个年龄段，自然会慢慢消失。

如果女儿告诉妈妈这种感情，妈妈一定要站在孩子的角度表达对她的理解。妈妈可以客观地告诉女儿，这个老师的确比较有魅力，他一定程度上是带领孩子长大的人。这种理解会让孩子减轻心理压力，因为她们陷入感情漩涡时内心也很纠结，往往不会告诉父母和同学，害怕大家否定她。如果能够得到父母的理解，没有了压力，反而更容易顺利度过此阶段。

◎ 如果高中女生爱上男老师

如果高中女生爱上了男老师，男老师的处理方式就很关键。

如果男老师能感觉到学生对他的感情，同时释放了一些暧昧的信息，女生肯定会越发迷恋他。学校一般会禁止此类行为，老师是不能跟女学生谈恋爱的。如果老师有师德意识，就会尽量减少可能让女生误会的举动。比如，不单独跟这个女生讲话，如果需要沟通也尽量有第三人在场，对待这个女生的态度和对待其他学生一样，不区别对待。这就在告诉女生，他的身份就是老师，对所有学生都一样，并没有对某个人有特别的情感。久而久之，女生也会觉得自己是单相思，是一种单向的感情。一旦意识到这个问题，她就会想办法转移注意力，比如同龄人中也会有比较成熟的人，可以成为交往的对象。

和初中女生一样，高中女生虽然情感上比较成熟，可是如果喜欢一个男老师，也有情感寄托的成分包含其中。通常她们会把这份感情藏在心里，偷偷地把玩和体验其中细腻的感受，甚至在想象中不断放大感觉，误认为自己陷入了爱情。

高中女生一般不会跟父母谈论此事，通常也不会向老师表白，但是她们会有心理负担。如果父母知道了，一定要站在孩子的角度和她探讨，这个老师身上有什么地方值得她喜欢。引导孩子思考，人在不同角色中建立的关系是不一样的，人也有很多面，现在老师跟她是师生关系，如果变成平等的伴侣关系，可能就会很不一样。建议孩子换个角度观察老师，多方面评估自己的感情。

正确认识初潮、遗精等生理现象

到了青春期,孩子的身体发生急剧变化,势必会带来心理的变化。

有些父母说自己的孩子小时候很快乐,到了初中却明显情绪低落,学习成绩也下滑了,其中一个原因可能跟生理发育有关。很多孩子身高快速增长,一年长七八厘米;有些女孩子会有月经初潮。有些学校会有专门的课程讲述相关的生理知识,但有些学校没有开设此类课程,就需要父母进行比较详细的讲解和教育,这也是家庭教育的一个内容。

如果孩子有阅读的习惯,父母可以去书店买来相关书籍,常见的是青春期男女生必读类书籍。孩子可以通过阅读了解相关知识。

如果是女儿,妈妈要和她谈一谈在这个年龄阶段需要面对什么问题。比如月经期可能遇到哪些麻烦,如何注意个人卫生,卫生巾如何使用,在体育课上来月经了怎么办,月经期身体的感觉是什么样的,等等。妈妈要告诉女儿一些具体的、可以操作的办法,不过最重要的是,要告诉女儿,生理上的变化代表着她从女孩成长为女人。如何防范性骚扰,成为一个需要讨论的话题。

如果女儿跟着单亲爸爸生活,就需要奶奶或其他合适的女性给她讲解这些内容。

通过这些沟通,孩子对身体的变化更了解了,心理上会更容易面对。她们很确定所有女孩子都会经历这些,也就能平顺度过此阶段。

如果是儿子，这个时候可能会出现遗精现象，之后很有可能会出现手淫行为。爸爸是比较适合跟孩子沟通的人，但爸爸严肃地坐下来跟孩子沟通也容易感到尴尬。爸爸可以带儿子去大浴场洗澡，在放松的时候跟孩子谈此类话题。爸爸可以从自己的成长经历开始，询问孩子在这个阶段有没有出现遗精现象，紧接着就可以跟孩子讲生殖器官的变化，平时如何注意卫生，并且明确告诉孩子，遗精和手淫都是正常的。很多青春期孩子会出现强迫性手淫，觉得手淫是不好的事情，克制自己不去手淫，结果又控制不住，形成强迫症状，进而情绪状态变差，没有学习动力。

如果孩子出现明显的情绪变化，总是上课走神，经常发呆，父母要注意，很可能孩子内心正经历挣扎。他们没有向父母讲述，自己却没有寻找到答案。他们其实需要父母的帮助，父母在跟孩子讲解生理知识的时候，也应该提供心理上的辅导和支持。因为身心是一体的，不能割裂。如果父母能够给予恰当的解释和教育，孩子知道了生理方面的知识，对剧烈的生理变化有所了解，心理上就更能面对，从而顺利度过青春期。

如何应对性骚扰

在新闻中经常听到青春期的孩子遇到性骚扰，这类事件对孩子最大的影响是对心灵造成伤害。很多孩子会因此受到很大冲击，产生各种心理问题，甚至发生人格上的改变。

◎ 当女孩面对性骚扰

女孩容易受到性骚扰，尤其是面对权威、年长的男性时，例如教师或其他成年男性，来自熟人的性骚扰最常见。当女孩单独和男性在一起时，被性骚扰的概率会增加。要防止被性骚扰，一定要有保护自己的意识。父母要明确告知女孩，身体的哪些部位不能被别人看到和触碰。当有男性走到女孩身边欲行不轨时，她才可以意识到对方企图性骚扰，才可以保护自己。

有时候环境是女孩不能控制的，比如在公交车上，有时特别拥挤。女孩容易遇到"咸猪手"，但是她完全可以并且应该大声呵斥对方，用力推开对方，这些行为都是正确、合适的做法。我们也会看到，有些女孩很隐忍，她们不敢发出声音，内心又充满了恐惧和厌恶。这种反应并不合适，在一定程度上纵容了性骚扰者的行为。

父母要根据性骚扰事件对孩子的影响程度判断自己如何跟孩子沟通。如果孩子在地铁上遇到了性骚扰，她当时大声斥责了对方，后来也没什么异常表现，父母就不需要太担心。但是如果孩子回到家之后晚上睡不着觉，从此不愿意出门，不愿坐地铁了，就表明这件事情已经给孩子带来了巨大的创伤，父母必须严肃对待，可以寻求专业的心理咨询师的帮助。

如果父母自己和孩子沟通，就要从以下几个方面和孩子谈：

首先，告诉孩子，在这个社会上，一个人可能会遇到各种情况，性骚扰是其中之一。性骚扰甚至可能不止一次遇到。其次，遇到性骚扰时心里不要恐惧,完全可以理直气壮、义正词严地反抗。因为这不是她的错,是骚扰者有问题。骚扰者往往有心理障碍,其人格也是病态的,他们做的事情是见不得人的,不是正大光明的事情。孩子的反抗会得到周围人的援助,大家会一起鄙视骚扰者。孩子的愤怒是很合理的,不要因为别人的问题而背上心理包袱。

◎ 当男孩面对性骚扰

男孩也有可能在特定生活环境中遇到性骚扰,尤其是遇到一些身为同性恋的师长时。和女孩不同的是,男孩通常会选择隐忍,他们不像女孩那样会大声斥责对方。

对于男孩,父母同样要告诉他们如何防止性骚扰。要在认知上让孩子明白,性骚扰行为是一种心理变态的表现,骚扰者有人格缺陷。然后告诉孩子,如果被别人骚扰,要坚决地拒绝和反抗。青春期的男生有了一定的表达能力,他可以直接表达,"我讨厌这些行为,我们不应该做这些事"。如果对方反复骚扰孩子,请孩子一定要告诉父母。父母帮助孩子一起面对,必要的时候要去寻求这个人所属的组织机构的帮助,或者报警,将他公之于众,因为这样的人也会性骚扰其他人,可能还有其他受害者。

总之,不管是男孩还是女孩,如果遇到了性骚扰,共同的处理要点是,让孩子明白这不是他们的错,不要背上心理包袱。如果他们把这件事告诉父母,父母一定要和他们一起面对,共同解决问题。不然的话，孩子会承受很大的心理压力，情绪沮丧，也很难专心学习。

避免过早发生性行为

青春期孩子身体开始发育，性意识觉醒，加上现在网络资讯发达，充斥着各种刺激，孩子出于好奇和模仿，或者为了满足需求，会在中学阶段就初尝禁果。但他们毕竟是未成年人，无法对自己的行为可能造成的后果负责，所以应努力避免过早发生性行为。

问题在于，这个时代孩子的生理发育成熟有所提前，他们在交往中也比较开放。如果这个时候发生性行为，父母的确难以阻挡；父母对孩子进行性教育也是一件有难度的事。如果一本正经和孩子谈论性道德，孩子会嗤之以鼻。所以比起事后教育，更重要的是预防教育。

◎ 引导孩子对爱情和性行为有正确的认知

人和动物的不同之处是，人的性行为是爱情的结果；动物在发情期会自然交配，不在乎是否有固定的交配对象，交配之后通常也不会建立稳定的伴侣关系。但人的性行为是需要有爱情的成分的，没有爱情的性行为类似于动物的交配，是不符合人类的价值观念和婚姻道德观的。

爱情是什么？爱情需要有三个元素，分别是激情、承诺和亲密关系。

激情是一种强烈地渴望跟对方结合的状态。通俗地说，就是见了对方会有一种怦然心动的感觉；和对方相处，有兴奋的体验。每一对男女在交往中都会有激情，但激情是短暂的，持续一段时间就消失了。曾有科学家宣布，激情不能持续超过 18 个月或者更长时间。

承诺是一种责任，是对与双方结合而产生的责任的承担。青少年是未成年人，对自己都很难完全负责，对对方就更难有所承诺。

亲密关系是两人之间感觉亲近、温馨的一种关系。建立亲密关系是人格比较成熟之后产生的能力，有些夫妻在一起生活十多年了，也很难建立亲密关系。性行为可以是爱情的发展见证，但性行为本身并不能带来亲密感。例如，一夜情过后往往产生的是对对方的怨恨，一方甚至会很奇怪自己为什么跟这样一个人发生性关系。

如果用爱情的三元素衡量青少年的感情，大概只具备激情这一元素，而这个元素又只能短暂存在。

◎ 进行性安全教育

现在社会对于性也更加包容，性行为本身往往不是责备的对象，关键是性行为的后果。父母在教育孩子的时候，必须讲解相关的性知识、必要的避孕措施以及可能的后果。

如果孩子过早发生性行为，就必须采取避孕措施。如果没有避孕措施，就很容易怀孕，会给青春期的女孩带来很多麻烦。

即使最后选择不要孩子，对女性的身体也会有很多负面影响。比如，以后生育的风险和患各种妇科疾病的风险都会提高，甚至可能因为受打击而患上心理疾病。如果女孩能够提前了解这些，在关系中可以把控自己，与异性相处时就比较安全了。

父母要多动脑筋，灵活处理。青春期孩子不太能接受父母的指责和长篇大论，所以需要用孩子能接受的方式进行性道德和性知识教育。

第六章

青春期孩子的人生重要议题

每个人都需要面对诸多人生重要议题，对这些议题的思考是人生之路的奠基石，决定了人生走向。青春期孩子会更加迷茫，不知前路在何方。

学习有何意义

中学阶段的学习异常辛苦，学业压力也很大，许多孩子开始质疑学习的意义。用传统的理念来劝解，比如学习可以帮助孩子考入好的大学，可以找到好的工作，这类功利化解释对今天的孩子来说已经不起作用了，他们对此不以为然。他们会追问，找到好的工作又如何？人生只有物质追求吗？面对孩子的质疑，父母也非常迷惑，学习到底是为了什么？

◎ 两个真实的案例

在小学阶段，孩子会顺从父母的安排，让他干什么就干什么，很少多想。等进入初中阶段，他们开始思考做某件事情的意义和价值了，开始问为什么要做这件事情。当学习很辛苦的时候，自然就冒出"为什么要学习"的疑问。老师和父母解答的时候，如果沿用以往的功利化回答，可能并没有用处。现在的孩子成长过程中物质并不匮乏，对父母眼中的"好日子"并不执着。困惑长期得不到解答，内心充斥着学习没有意义的感受，自然就会对学习不感兴趣，学习主动性减弱。

举两个真实的案例：

> 初中阶段的孩子和爸爸讨论学习的意义。
> 孩子：我为什么要学习，学习有什么意义？

爸爸：好好学习是为了考一个好的高中，考一个好的高中是为了考一个好的大学，考入好的大学可以拥有一张好看的大学文凭，就意味着找工作的时候有一块好的敲门砖，敲开一个好企业的大门后，你就会有好的收入，有好的收入你就有好日子过。爸爸妈妈都希望你过好日子，不对吗？

孩子：什么样的日子是好日子？

爸爸：至少像我这样，有本事买房买车吧！

儿子：如果我不要房子和车子，就可以不读书了吗？

爸爸：那你就会去扫垃圾！

儿子：扫垃圾难道不是服务社会吗？而且上午扫完垃圾，下午还能打游戏，多好！

爸爸：滚！

父母这样的回应并不能解答孩子内心的疑问，两代人互相不理解。

学生：现在我在学习几何、三角函数，可是这些在生活中根本用不到，学了有什么用？

咨询师：学习的本质是思维能力的提升。你到农村找一个和我一样年龄的老太太，她没有接受过教育。你提一个问题，让我们两人回答，你觉得答案会一样吗？

学生：当然不一样。

咨询师：教育水平不同，人的思维能力也是不同的，回答

问题的角度、深度、广度都是不一样的。

学生：不一样我能理解，但那又能怎样呢？

咨询师：两个老太太，因为接受教育程度的不同，一个知书达理，一个愚昧无知。如果让你选其中一个带回家一起生活，你更愿意带谁呢？

学生：好吧，我当然选知书达理的。

课堂学习是父母出钱、老师出力，共同训练学生的思维能力的过程。经过不同难度水平训练的人，其思维水平是不同的。只知道1+1=2的人，其思维水平和能够计算三角函数的人的思维水平是不一样的，他们看待问题的视角、态度、方法都是不同的。

◎ 学习是人的本质活动

地球上除了人类还生活着其他生物，它们遵循其本能，活法基本不变。一千年前猫是怎样生活的，一千年后它们依旧这样生活。人与之不同，人有很强的创新能力，生活方式日新月异，不断地突破和改变。比如，在耕种的方式上，不要说一千年，就是几十年都会有天差地别的改变。古人是刀耕火种，后来是老牛犁地，再后来是拖拉机耕地，现在已经是大规模机械化生产了。

人为什么具有这么强的创造能力，原因是人会学习。人有超级高效的大脑，能够高效搜集和处理信息。人的生活内容本质上就是学习，课堂学习只是学习的一种形式。

人不可避免地需要学习，学习是人的本质活动，这就是学习的意义。

◎ 学习可以成为一种精神享受

有些孩子说："我愿意学习，但是我不喜欢应试教育，我的作业太多了，太辛苦了。"

苦是一种情绪体验，情绪体验不是由发生什么事情造成的，而是由对这些事情的想法造成的。比如，一个学生犯了错误，教导主任罚他跑步，在操场上跑了 1500 米，他肯定觉得又苦又累。但是如果有一天，他主动报名参加了马拉松比赛，跑得更远，反倒很开心。同样是跑步，感受却截然不同。关键不在于跑步本身，而在于做这件事情时的想法。

如果感觉学习很辛苦，藏在背后的想法肯定出了问题。这就要回到对学习的意义的解答上。人和动物不同的地方就在于人可以创造，能够不断地劳动和耕耘，能够享受收获时的幸福感和成就感。而青春期孩子在这个年龄阶段最能感受到耕耘的收获的事情莫过于课堂学习了。从最初的 1+1=2 的水平，逐渐发展到可以计算三角函数的水平，回头看看自己，这就是不断成长的精彩，就是这个年龄阶段最大的乐趣——每一天的自己都比过去更聪明，知道得更多。

◎ 学习与赚钱无关

有的孩子问，有些人学习很差，连大学也没考上，之后却成为

亿万富翁。读书又不赚钱，不读书却可以赚很多钱，读书有什么用？

很多父母也没有办法解答疑问。对这个问题的回答是：读书与人的精神享受有关，与赚钱没有必然关系。好的文凭的确可以帮助持有人找到一份不错的工作，但是读书和发财、赚大钱是没有必然关系的，后者并不那么简单。

人有两种享受，一种是物质享受，一种是精神享受。物质享受的特点是，人人都可以拥有，跟钱的关系更大。但是物质享受容易厌倦，鲍鱼再有营养，再好吃，天天吃也会厌烦。精神享受却可以让人获得一种无边无际、更深层的愉悦感，它和学习相关。一个小学没毕业的人和一个本科毕业的人，他们的精神享受领域肯定是不一样的。很多父母希望自己的孩子有很高的学历，这无可厚非。对于一个人，既能拥有物质享受，又能拥有较高的精神享受，当然最好不过。

当孩子能够认识到学习真正的意义，就会具有内在的学习动力，就不觉得辛苦了。

让孩子掌控自己的人生

毫无疑问，这一代孩子的自主意识越来越强，从某种意义上说这是一件好事，也是社会进步的标志。但在传统家庭教育模式下长大的这一代父母并没有思想准备，他们用父母教育自己的方法教育孩子，却发现没有效果，孩子要走自己的路。

父母要意识到时代的差异，调整自身的心态。只有尊重孩子，才会避免矛盾产生，也才更有利于孩子的发展。

◎ 两代人，大不同

我们父辈以及自己的成长环境会尊崇长辈的权威，这一代孩子的成长环境却不一样，这是事实。这种差异会表现在生活的方方面面。比如，对现在的父母来说，"大人说话，小孩不要插嘴"的要求似乎是天经地义的；家里来了客人谈事情，孩子们也要回避，他们无权知道长辈的交谈内容。但是现在的孩子常常没有兄弟姐妹，他们直接和成人对话，既然是直接对话，当然会有平等对话的需求，这一点甚至是他们与生俱来的要求和感受。

当今孩子的权威意识淡化，因为他们的学习渠道太多了。在以前，如果家里没有书，孩子的所有知识都来源于老师和父母，老师和父母就是权威。现在的信息来源就太多了，即使没有老师和父母，孩子也可以通过网络学习，他们根本不需要权威。既然没有了权威，干嘛要被权威限制！所以很多孩子没有服从的意识。

同时，现在的孩子见多识广，他们在很小的时候就有很大的阅读量，走过很多地方，其思考力不比长辈差。既然他们有独立思考能力，就不会满足于"你讲我听"的沟通模式，他更在乎的是表达自己的所思所想。

父母应对孩子的方式应有所改变。以前，教育孩子的方式很简单，把孩子训一顿或者索性打几下就行了，因为孩子本身是一张白纸，父母的建议他能够接受并记住。现在的孩子有自己的想法，自然不能接受父母的单向灌输了。如果父母不能理解这种变化，像上一代人那样管理孩子，孩子肯定不合作，甚至会用很极端的方式表达愤怒。越来越多的心理问题因此出现，严重的时候甚至会出现自杀行为。

现在的父母和孩子沟通是很难的，在讨论问题之前，父母要考虑到孩子和自己是不同的人，想要让孩子接受自己的观点，一定要获得孩子的认可。只有他自己认可，他才会接受和将观念内化。

作为父母，不要过多干预孩子的行为。如果接受不了，就要快速成长，不断学习。最坏的事是，父母的观念落后守旧，又要强行干预孩子，最终矛盾重重，酿成悲剧。

◎ 如何应对青春期独立意识强烈的孩子

首先，父母要用欣慰的眼光看待孩子，因为孩子精神独立，具有很强的思考能力。小小年龄就能做到这一点，是多么值得开心、自豪的事！其实，父母的教育目的很大程度上就是让孩子能够独立生活，更好地适应社会。

其次，对于孩子在不同年龄阶段的沟通需求，父母要有所了解。一般而言，孩子在0—6岁时，由父母掌控家庭教育；在6—12岁时，孩子与父母共同掌控家庭教育；12岁之后，则由孩子自己控制生活。如果孩子已经超过了12岁，父母就要学会调整自己的状态，不过多干涉孩子的生活，允许孩子自己做掌控者。如果父母能够调整心态，就不会发生那么多的冲突与矛盾。

再次，尊重孩子自身的生活经验。很多父母会说，"我是你爸爸，你要听我的"。"因为我是你爸爸，所以我讲的东西你就要接受"，这是一个很无理的要求。作为父母，要尊重孩子的取舍和思考。这一点对于80后的父母还好接受些，更大年龄的父母是很难接受的。

很多时候孩子和父母的想法完全不同，这一点对父母是最大的挑战，因为考验的是父母到底能不能尊重孩子。比如每年的动漫展，总有父母表示，孩子为此花了很多时间和金钱，不好好学习，太幼稚了，感情很肤浅，不理解孩子为什么那么痴迷动漫人物，对其行为也会干涉和抱怨。孩子则充满愤怒，觉得父母完全不懂自己，他们切身体验到的快乐在父母眼中完全不存在，还以过往经验否定孩子的经验。在这种情况下，孩子自然不接受父母的要求。

如果父母都不允许孩子有自己的情绪体验，如果父母体验不到的东西就认为是不存在的、不对的，还要否定孩子，孩子就太可怜了。这就是不尊重，甚至忽略了孩子作为一个平等的人的权利。

最后，在面对孩子时，父母一定要认识到，当今孩子有强烈的平等对话的需要。父母自己必须调整，不能根据以往的经验控制孩子。父母要接纳、理解孩子，允许孩子有自己的情绪、选择和思考，否则就会自找麻烦。

是否出国留学是重大人生抉择

越来越多的中国家庭选择把孩子送到国外留学，有些孩子在中

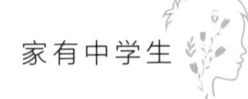

学阶段就去国外读书了。出国就读的决定，对于父母和孩子都是重大人生抉择。

◎ 如何探究出国留学这一议题

当一个家庭出现了出国留学这一议题时，父母要根据不同的情况，采取不同的方式和孩子讨论这件事。

第一种情况是，父母想要孩子出国留学，孩子也愿意这样做。

此时孩子和父母的意愿是一致的，父母明确表示想送孩子出国读书，孩子也接受和满足了父母的需求。父母和孩子接下来的探讨就比较容易，父母需要从以下三个方面与孩子沟通：

首先是探讨孩子什么时候出去，是在高中阶段出去，还是在大学阶段出去。在不同年龄阶段，孩子自身的能力、出国的意义可能存在差异，这一点父母要和孩子讨论清楚。

其次是讨论要去哪个国家。不同的国家有不同的文化，需要做的准备也是不一样的，这方面的讨论会让孩子有更多的准备。

最后是通过讨论与沟通让孩子做好心理准备，有独立处理问题的能力储备，这也是最重要的事情。父母可以和孩子讨论，他在国外可能遇到什么问题，应该怎么处理。进入一个陌生的国家，面对完全不同的环境，出现适应问题在所难免，做好了准备和能力储备后，父母就可以放心送孩子出国了。

第二种情况是，父母想要送孩子出国读书，但孩子不愿意这么做。

如果父母想把孩子送出国，但是孩子不愿意，接下来父母常用的方式就是和孩子讨论去国外读书的好处，为什么想送孩子出国读书，试图说服孩子。这样的做法是本末倒置，因为只有搞清楚孩子不愿意出国的原因，谈论这些才会有意义。青春期的孩子容易逆反，父母越试图说服他，他越容易反抗。

关键是和孩子讨论他不愿意去的原因，找到原因才能有针对性地解决问题。不管是哪种原因，一旦找到它，就有办法解决；解决之后，孩子的态度可能有所改变。孩子和父母在出国前做好思想准备，父母才能放心地把孩子送出去。因为出去只是一个决定，孩子在国外是要独立生活和学习的，会遇到更多的问题。

孩子不愿出去的常见原因：首先是担心自己无法适应国外生活。如果孩子本身就是很难适应新环境的人，那么把孩子送出国是有风险的。孩子可能觉得在国外没有朋友，语言不通，又是完全陌生的环境，适应的难度会很大。他潜意识会有很多担心，甚至害怕自己适应不了，最终还要被送回来。其次是孩子缺乏自理能力。在外没有人照顾他，一想到要自己洗衣服，生病了没人照顾等场景就会觉得自己不行。

第三种情况是，孩子强烈要求出国读书，父母不同意。

很多时候，遇到这样的事情，父母往往觉得孩子是在逃避高考，不想面对高考的失败和繁重的学习压力。因此，父母会告诉孩子，国外的学习不见得比国内轻松，想要打消他的念头。不过这种做法往往没有效果，还会引起孩子强烈的反感。

如果孩子是为了逃避国内的高考，这时候他们往往能感受到家

人对他有较高的期待和要求,所以很难面对自己的失败。如果他在以往的学习中没有太多成功的经历,自然会想要通过出国来保护自己。这个时候父母反而不能强调出国的弊端和可能遇到的困难,因为如果孩子同意了父母的说法,就是在承认自己是不能面对困难的懦夫。假如他最终被说服,留在国内参加高考,又没能考入理想的学校,他会责怪父母。他觉得父母的不支持让他失去了很好的机会,亲子关系会被严重破坏。

父母反对的最根本原因可能是经济原因。父母可以把家里的经济状况告诉孩子,真诚地表达不是不愿意支持孩子,而是没有经济实力这样做。甚至可以和孩子讨论,如果孩子的确想出去,父母可以在什么时候支持他。比如读研究生的时候,父母可能就有这样的实力了。孩子更容易接受这种谈论方式,会对自己的未来更有责任感。

当然,也有一小部分孩子真正渴望国外的高等教育,这些孩子在我看来都是有志之士,他们通过各种渠道对国外的高等教育有了很多了解,很明确自己想要学习什么。对于这样的孩子,父母如果没有经济问题,还担心什么呢?曾经有一个孩子明确告诉我,他想要去德国学习哲学,因为哲学是他的最爱,他看了很多哲学方面的书籍,明确知道自己要学习什么。他就是适合出国留学的孩子,相信他出去后也能够顺利发展。

◎ 不是所有孩子都适合出国留学

父母要了解,并不是所有孩子都适合出国留学。什么样的孩子适合出国留学，什么样的孩子需要等一等，这些都需要父母进行观察和评估。

如果父母观察到孩子处理事情时具有较强的判断能力，做决定时有较强的抉择能力，就可以放心送孩子出去。因为一旦到了国外，大小事务都需要孩子自己判断和抉择，如果他不具备这些能力，很多时候他会感觉恐慌，甚至寸步难行。

如果孩子不擅长社交，甚至有社交障碍，把他送出去就是有风险。因为身处陌生的国家和环境中时，一个人只有具有较高的社交能力才容易寻求支援和帮助、重建社交圈，从而安顿下来。在没有支援、没有循序渐进的适应过程的情况下，孩子会立刻封闭自己，状态会更糟糕。我曾遇到一个在外留学的大学生，他把自己关在房间里半个多月。同学见他没出门很担心，强行打开房门，发现他身上都发臭了，在这段时间里他甚至没有好好洗澡。

因此，在出国之前，孩子需要有必要的能力储备，对目的地国家的生活环境和文化差异也要有心理准备。这些准备越充分越好，因为不同的国家有不同的文化传统，在中国正常的行为在国外可能就是不被接受的行为。孩子在出国之前可以去参加夏令营之类的活动，这会让他对目的地国家有直观的了解和认识。当然，这需要父母具有一定的经济实力。

如果家庭经济条件不好，孩子的出国会成为整个家庭的负担。即使最后全家一起努力，甚至卖掉房子让孩子出国读书，结果也未必理想。这种压力会让家人矛盾重重，孩子在国外也会受到影响，会背负很多情感债务，难以解脱。

◎ 父母不要陪读

有些父母问我，孩子出国读书，自己要不要陪读，我会反问父母："如果你要陪读，送孩子出去的意义是什么？"

出国读书很大的意义在于培养孩子的独立性，长期陪伴是小学生需要的模式，一般到了中学阶段，孩子就不需要那么多的陪伴了，所以我不建议父母陪读。如果孩子在高中阶段出国留学，而且是第一次出去，适当的方式是，父母陪他一起过去，等到一切安排妥当，陪孩子半个多月父母就回来。这样做一方面孩子能有一个心理过渡期，另一方面父母可以看到孩子的新环境，可以在以后跟孩子讨论应对方式，给孩子提供意见和支持，对双方都有益处。

青春期孩子如何树立正确的"三观"

现在很流行一个词——"毁三观"，就是说自己的"三观"被动摇和颠覆。现在社会发展速度太快，什么离奇的事情都可能发生，什么底线都能突破，成人的"三观"都比较混乱，更别提孩子了。

"三观"问题是大是大非的问题，如果一个人的"三观"不正，会闯出滔天大祸。但是在家庭教育中，父母最不重视的就是"三观"教育，甚至父母自身的"三观"都未必正确。因为价值观念不妥造成的发展障碍，在临床中比比皆是。

◎ "生命无意义"

曾有一个孩子说:"所有生命的出现,甚至包括地球的形成,都是偶然现象。等到我80岁了,就会成为一堆灰烬,那和现在成为灰烬有什么区别?既然这样,我为什么要听从别人的要求,听从父母的安排呢?!我要想干嘛就干嘛,想睡觉就睡觉,不想去上学就不去上学……"

就像他说的一样,这个孩子隔三岔五不去上学。基于这种生命无意义的价值观,他在生活和学习中都缺乏内在动力,甚至主动让自己的人生停止发展。这种价值观的形成和父母关系很大,平时父母在他面前讨论事情的时候也总是认为人生无意义,经常唉声叹气,抱怨很多事情。在这种态度的影响下,又恰好阅读了相关书籍,看了一些有关生命起源的书,孩子自然就采纳了这种过分超脱的价值观。

◎ 过分尊崇金钱

一个孩子曾对我说:"有钱能使磨推鬼。"

这个孩子对金钱有着非常错误的观念,在很大程度上也是受到父母的影响。父母平时就告诉他,"钱可以解决一切",父母的行为也让孩子切实看到钱的重要性——孩子看到父母通过钱摆平了很多事情。自然而然,孩子会秉承这样的金钱观念,在以后的发展中把金钱视为唯一值得追逐的目标。

如果一个孩子把金钱作为生命的目的,势必会造成恶果,因为

获取钱财是没有止境的。他有钱时，别人会比他更有钱。当感觉自己很辛苦地追逐，但是仍然没有别人有钱时，他会感觉如何？会不会觉得自己是失败者？会不会垮掉？会不会觉得人生没有意义？

答案很明显。金钱若是唯一有价值的东西，当不能被满足的时候，也就意味着内心极大的空虚。

◎ 过分争抢资源

有孩子告诉我："人来到世上要做什么？要抢资源！社会资源就像一大锅粥，人人都拼命地抢勺子盛粥。有本事的人抢到大勺子，获得很多粥；没本事的人只能抢到小勺子，获得很少的粥；有些人甚至抢不到勺子，没有粥喝。"

如果一个人抱着抢资源的价值观念，就很值得我们警惕和担心——以后无论他是哪种人，都可能用负面的方式应对他人。比如，如果他是那个抢不到勺子的人，他会采取什么极端手段？如果他是抢到大勺子的人，他又会通过什么方式去破坏社会公平？

遇到这样的孩子，我会问他："如果你是有本事的那个人，你抢到很多粥，你愿不愿意分给那些只有小勺子甚至没有勺子的人一些粥？如果你是没有勺子的人，你愿不愿意有大勺子的人分一些粥给你？"人类社会需要解决此类问题，维护社会公平，使社会可持续发展。

◎ 对生命缺乏理解和敬畏

还记得药家鑫事件吗？他在交通肇事后故意杀人——看到被车撞倒的伤者后，他拿出刀子捅死了对方，然后驾车逃跑。

这是一个典型的对生命缺乏理解和敬畏的案例。药家鑫，一个很平常的孩子，面对失误时想到的不是如何弥补，而是为了逃避罪责对另一个生命痛下杀手。如果在他的成长过程中，老师和父母能够引导他理解生命的重要性以及每个生命都是平等的，也许他就不会这么做了，不会因一念之差毁人毁己。

如果从小告诉孩子生命是平等的，孩子对生命的尊重感会深入潜意识中。而人在危急时刻是不容思考的，那一刻的行动是被潜意识支配的。

◎ 在学校过度竞争

有孩子说："我不去学校，学校就是明争暗斗的赛场。"

很多孩子对学习的认知是歪曲的，这很大程度上与父母过分重视竞争有关，影响了孩子对学习的认知。在他们看来，进入学校就是要获得好成绩以证明自己是优秀的，每天去学校就是去竞赛场，时刻在和同学比赛。如果一个人天天去的是竞赛场，试想他会承担多么大的心理压力！这样的孩子退出学校、拒绝学习实在太正常了。到了考试前，他们会尤其不正常，行为怪异。他们对学习的畸形观念，在很大程度上妨碍了他们的学习与发展。

学校到底是什么场所？学校是育人的场所，孩子在学校里最大的意义是发现自我。同龄人的陪伴是成长的养分，结伴成长才是学校生活的核心内容。有了这样的理解，孩子才会更好地融入集体，在和同伴相处的过程中不断发现自我、完善自我。他们不仅会知道自己是谁，而且会一步步实现自己的理想和价值。

◎ 过分重视物质享受

我遇到一个孩子，他说："我对物质生活要求很高，别人拥有的好东西，我也要拥有。"

在咨询中会遇到很多有这种想法的高中生，他们会对生活质量提出很高的要求，比如住很大、很好的房子，家里有很多高端电子设备，可以经常度假和旅游，拥有豪车、游艇等。明星或者身家过亿的富豪才是他们羡慕的对象。

这样的孩子对生命的理解偏重于享受和索取。因为过分在意生活质量，尤其是物质享受，在一定程度上处于不断"拿进来"的状态，会耗费很多能量和资源。

遇到这样的孩子，我会引导他们："你有没有想过生命的质量？"其实生命的质量更在于分享和贡献，也就是"拿出去"多少。历史上我们会发现很多重视生命质量的人，他们的生活质量或许很低，但作出了独特的贡献，拥有极高的生命质量。那些东西方文化都推崇的人物就是很好的代表，比如特蕾莎修女，她一辈子为了穷人而奉献；曼德拉总统为了黑人的人权坐了半辈子牢；圣雄甘地是苦行僧，不可能有很高的物质享受，但获得全世界的尊重。这些人没有优渥的物质生活，却被人们敬仰，任何人都不能诋毁他们，因为他们的生命质量太高。

孩子受到错误观念的影响，在成长过程中出现各种障碍，就是价值观念教育缺席造成的恶果。目前，无论是在家庭教育中还是在学校教育中，都存在不同程度的价值观念的错位和扭曲，都比较缺乏价值观念教育。父母和老师太注重孩子的学习能力的培养，忽视这方面的教育和引导。

对于孩子，正确的"三观"教育能够让他们成为一个正直的人，一个对自己负责的人，一个有力量前行的人。在辍学、自残、自杀、严重抑郁的中学生中，一部分人的问题就源于价值观扭曲。

第七章

常见问题解答

孩子的成长并不容易,会遇到各种问题和困扰。智慧的父母才能推动孩子前行,而不是成为他们成长道路上的障碍。

怎样帮孩子追梦

我女儿上初三,喜欢明星,喜欢听歌,做作业时也会听歌。她将来想成为歌手,但是唱歌老跑调。作为妈妈,该帮助她追梦吗?

梦想是孩子对未来的一种模糊的美好期待,并不完全建立在自己客观的能力之上。这也是为什么有些愿望仅是梦想的原因。梦想是自发形成的,没有好坏,而且具有时效性。可能过几年,你女儿在公共场所唱歌,有人指出她跑调,她就能自然接受自己不适合做专业歌手这一事实了。

大多数中学生会说自己的梦想是将来成为歌星或者影星,因为他们有让人生闪亮的梦想,但并不知道什么样的人生才是闪亮的。明星是闪亮人生的象征,孩子们将梦想投射到他们身上,这是青春期孩子的特点,具有阶段性,不用过于在意。

至于写作业时听歌,已有科学研究证明,背景音乐,尤其是轻缓的音乐或者孩子喜欢的音乐,可以帮助孩子放松情绪,心中更加安定,孩子做作业会更快。

如果一定要看到孩子专心致志地做作业,妈妈才能安心,要改变的反而是妈妈,要克服内心的焦虑。

兄弟之间的同胞竞争

我有两个儿子,哥哥上初一,弟弟上小学四年级。弟弟患抽动症，写作业很慢，尤其是作业多的时候，经常会"死机"，几乎处于被拖着走的状态。弟弟到了初中，适不适合进入寄宿制学校呢？家里有两个男孩，年龄相差不大，家庭教育中需要注意什么？

如果家里有两个孩子，而且同性别，父母要注意，也要有思想准备，两个孩子肯定会不一样，他们需要通过彼此的不同来确认自我。比如，如果一个是学霸，另一个往往学习成绩比较差。他们之间会存在同胞竞争，需要父母尽量平等地对待他们。

在这个案例里，妈妈如果要送弟弟到寄宿制学校，最好的办法是把两个孩子都送过去，等到周末两人回到家，和爸爸妈妈开心相伴，两个人的关系会更好。拉开一定距离后，兄弟两个的关系会比较融洽，弟弟因为年龄小、相对落后而感受到的压抑也会减轻。两个人不在一个学校最好；即使在一个学校，因为年级不同，也没有大碍。这种处理方式等于把两个人在学习上的竞争交给了学校。如果一个孩子留在家里，一个孩子送到寄宿制学校，对那个送到寄宿制学校的孩子的伤害实在太大了。

这里要说一下弟弟的抽动症，这是一种对孩子的成长有很大影响的病症。抽动症的形成与长期紧张有关。当家里总有一个比自己大而且能干的哥哥，弟弟会觉得自己永远超越不了哥哥。虽然他们之间的差异实际上更多的是由双方的年龄差异造成的，但是对于弟弟，他会认为是自己能力低下，所以可能越来越紧张，产生自卑感。父母要重视这一点，想办法改变弟弟的状态。

父母要告诉弟弟，他是多么可爱，而且做到了很多父母当年做不到的事。让弟弟知道，父母喜欢他，对他的能力非常肯定。

学习没有动力

> 我女儿上初三，学习没有动力，总是被逼着才学习。比如，现在我会规定，学习50分钟后才能看10分钟的电视，孩子盯着钟表，一到时间就马上离开书桌，一分钟都不会多学。我们是单亲家庭，我是妈妈，我和孩子在日本生活，但孩子不喜欢日本。我想得到建议，我该什么时候带孩子回国或者去其他国家？

学习本身的确会让一些孩子感觉枯燥，再加上被妈妈如此要求，她不可能产生学习的内在动力。到了初三，她会对这类限制性约定很反感，所以严格的约定并不能起到激励孩子的作用，反倒会产生反作用。

在单亲家庭中，孩子的成长和妈妈的状态关系很大。如果妈妈的心态积极、阳光，能够接受离婚的事实，之后也有自己的工作或爱好，孩子会发展得比较好。单亲家庭最容易出现的问题是，妈妈把精力和关爱全部投注到孩子身上，给孩子很大的心理压力，孩子会拼命和妈妈拉开距离，同时内心又很自责，因为妈妈需要自己。这种冲突会让孩子郁闷、烦躁，单亲妈妈的孩子对母亲的情绪又格外敏感。

我给这个妈妈的建议是，首先要向孩子表达自己的信任，明确告诉孩子她已经长大了，相信她能够处理好自己的学习。然后妈妈要跟孩子有个约定，不是约定学习的要求和限制，而是约定妈妈和女儿各自负责管理自己的事情——妈妈认真工作，做一个好职员；女儿在学校好好上课，在家完成作业，正常考试，把自己的学习管理好。两个人不相互干涉和跨界，当出现不能解决的问题时可以寻求彼此的帮助。平时讨论的话题也不应该是学习，而应该是彼此的情感状态或者社会新闻。在这种平等互助、交流和边界共存的氛围下，孩子的学习动力也许会增加。

至于要不要回国读书，建议等孩子高中读完之后再回国。因为孩子一直在日本学习，接受的是日本式教育，回到国内或者去其他国家都可能不适应。国内高中阶段的学习压力很大，会给她当头一棒，严重影响她的学习效能感和积极性。等到孩子高中读完了，就可以考虑回到国内或者去其他国家上大学了。

怎样做高三学生的陪读妈妈

> 我是一个高三孩子的妈妈。孩子初二的时候学习成绩开始下滑，后来我上了一些沟通课程，初二下学期跟孩子的沟通变多了，情况好了点。我的孩子比较外向，想要上进，但是毅力不够；想要进步，但是目标不明确，因而成绩起伏很大。我希望能够给他一些激励，但是一说出口就觉得不对头，他也会反驳我。怎么做一个高三学生的陪读妈妈？怎样才能激励

孩子？

进入高三后，孩子思维能力已经很成熟，根本不需要妈妈动脑筋去激励他。高三最大的敌人是焦虑，因为他们有巨大的升学压力。这个时候父母要做的是帮助孩子减压，如果父母反过来不断激励孩子，孩子的压力会越来越大，父母就会看到一个无法投入学习的孩子——压力大到一定程度，会让人无法投入。

对于高三陪读的妈妈，最重要的是两件事：一件事是给孩子做好饭菜，管理好孩子的日常生活；另一件事是保持心情愉悦，让一张轻松的笑脸出现在孩子面前。妈妈不焦虑并能开心面对孩子，孩子的情绪就会稳定很多，也会更有精力投入学习。

妈妈要克制自己，不要想"有所作为"，实际上，此刻妈妈越"无为"，孩子就越安宁，越能抗压。

要自杀和杀人的女儿

我女儿上初二，她学习很刻苦，成绩却不好，在重点班排名倒数。她经常会说考不上高中就要自杀，并且会琢磨哪种方式自杀不痛苦。女儿的班主任是男老师，教数学，喜欢成绩好的学生，因此女儿很讨厌他。其他同学跟她说，班主任认为她的数学成绩差是因为她自我放弃了，她很生气，说自杀前一定要杀了这个班主任。我也考虑过给女儿换个班，但是女儿不愿意。除了这个班主任，其他老师还是很喜欢她的。怎么引导她放弃自杀和杀人的想法?

孩子说自己要自杀和杀人的话时,父母也不要句句当真,有些时候这只是他们表达内心情绪的一种极端的说法。

不过孩子说考不上高中就要自杀,这要引起父母的注意,这其实是压力过大的信号。重点班的学生压力是很大的,因为同学们都很厉害。当她自身的竞争力并不强的时候,这种压力会更大。经常会听到有些父母告诉孩子,"你要努力,松懈了就会被别人甩在身后"。很多父母把孩子送入重点班之后,自己都惶惶不可终日,深感紧张,可想而知孩子的压力会有多大!

当孩子感受到父母的高期待,就会觉得如果自己学习不好,不能考入理想的高中,就不配做父母的孩子,就会想到自杀。父母要帮助孩子减轻压力,在家里尽量少谈学习的话题,要坦然、轻松地告诉孩子:"你现在才上初二,成绩不好有什么关系?不怕,还有一整年呢!"

对于提问的妈妈,你的女儿和班主任的关系很特殊。初中的学生的确会出现喜欢一个老师,这位老师任教的科目就考得好,反之则差的现象。数学又是中学课程中最让孩子有压力的学科——即使数学成绩很好的学生也会承受很大的压力,因为数学对逻辑思维能力要求很高。当女儿无法承受学习压力、心生愤怒的时候,她就会无意识地把这种愤怒投射在班主任身上。因为相比其他学科的老师,班主任要负责班级的管理工作,势必会对学生提出一些要求。尤其是女儿的数学成绩并不好,双方可能存在一些误会,就很容易将矛盾扩大。这种情况下，妈妈要跟女儿好好沟通，增强孩子对自己投射愤怒情感的觉察。

可以问孩子，如果班主任真有她说的这么坏，全班同学都会不喜欢他的，为什么只有她一个人想要杀死这个老师？这就说明她和别人不一样，主要是心态不一样，这与她的情绪有关。告诉孩子：试试看和班主任合作，能够和各种各样的人合作，才是真本事。

请女儿客观评价班主任的任课能力，引导她看到他是一个不错的数学老师，进一步理解班主任的有些言行是出于班级管理的需要。父母也不妨找一下班主任，让他安抚女儿，告诉她："你是个在数学方面很有能力的孩子，如果换一种心态对待数学就会取得好成绩。如果你遇到困难，老师会帮助你。"

当孩子对自己的情绪投射有了一定的觉察和思考之后，就能更安心地投入到学习中了。两方面努力，会推动孩子改变心态，向前进的。

过分溺爱女儿

我女儿平时很自我，不愿意分享。比如，如果遇到自己特别喜欢吃的菜，就说这都是她的，别人不许吃。我们夫妻是普通公务员，经济情况还可以，对她很宽容，基本可以满足她的物质需要。她却不大方，不喜欢把玩具赠送给其他小朋友。我很宠爱她，她也很爱我，不过有时候她和我在一起的时候没有分寸。上次开车的时候，我找不到手机，让她给我找，她说找不到,我把车停下来,到处找,找了好久也没找到。后来她拿出了手机,说和我开个玩笑。当时我特别生气,我也知道她是想开玩笑,可是她没有看到我多么心烦吗?!如何纠正她的行为?

首先,妈妈很爱孩子,这一点是值得赞扬的。因为妈妈能够很爱女儿并很欣赏地看待女儿,对女儿将来的发展很重要。

父母对孩子的爱是无条件的,但是要有规则和约束。爱和溺爱不一样,如果家庭教养模式是过度溺爱,孩子很可能发展出自恋型人格,甚至出现自恋型人格障碍,这就比较糟糕了,也很难改变。

溺爱的教育模式主要有三个特点:第一,家人把孩子作为家族中的核心人物,甚至和其他人的关系都会受孩子的影响,比如爸爸妈妈吵架是因为孩子,妈妈和奶奶沟通不畅是因为孩子,妈妈和外婆最近在做什么事情也是因为孩子。第二,孩子的需要总是被立即满足,甚至超前满足。第三,孩子享受着家人的爱,但是不被规则约束。比如孩子犯了错误,在学校弄坏了东西或者弄伤了别人,父母会直接询问学校需要赔偿多少钱,并不批评孩子。回到家里,这件事情也没有得到充分的讨论,孩子不会因为自己的过失而受到惩罚。

从妈妈的描述可以看出,这个女孩子有自恋的苗头,但是谈不上形成稳定的自恋型人格,所以父母可以适当改变教养模式,针对以上三个方面进行调整。母亲要警觉,不要让自己越线。

同时,问题要去核心化,例如餐桌上不要把孩子的问题当成话

题,不要全家人都紧盯着孩子讨论她的事情。孩子的物质需要要延迟满足,约定好到什么时间可以给她;犯了错误要有讨论和反省,让她认清自己的不足。

爱是无条件的,哪怕孩子有生理缺陷,父母依旧爱他;溺爱则是无原则的,哪怕孩子犯罪,父母依旧推卸责任。父母对此要有意识,这是最重要的。

把女儿推出门之后

我女儿今年17岁。她上小学一年级的时候,刚开始有些不适应,一个星期没去上学。我出差回来后很着急,就把孩子关在门外。现在孩子一不开心就把这件事情拿出来反复讲,是不是我的这种行为造成了她安全感的缺失?每次我都很诚恳地告诉她,"妈妈很爱你",询问还能为她做什么。现在女儿有两次作业没有按时完成,第二天就不想去上学;担心完不成作业,就不去补习班上课,因此浪费了很多钱。孩子现在的情况和一年级时发生的事情有没有关系?我接下来要怎么做?

一年级时妈妈的行为会让孩子得出一个结论:如果读不好书,妈妈会不要我。虽然她已经17岁了,可是面对学习的态度还像小学低年级的孩子,到现在也把完成作业看成天大的事。

妈妈可以直接跟女儿讨论,一年级时她的做法是不合适的。当然,妈妈也在不断成长,女儿同样如此。到了高中,她完全应该具备学习的自主性，表现之一就是可以安排自己的作业量了，作业可以挑着来完成。高中学生面对作业时可以潇洒些，遇到没有必要做的作业，可以和老师沟通和协商。女儿有了底气，在心智方面也不会再陷入小学时的退缩状态，拥有她这个年龄阶段该有的控制感。妈妈也可以和老师讨论一下这个问题，听听老师的意见。

当然，更关键的是母女关系。女儿总拿不上学来说事，这是因为她知道妈妈最关心什么。如果她认为妈妈最关心的是她的学业，而不是她本人，就会将不上学当成武器，对付妈妈。妈妈好好关心一下女儿吧！

重建与孩子的亲密关系

我女儿今年17岁，因为父母经常出差，她跟着外婆长大。现在有一身的坏毛病，自理能力很差，比如很懒，不叠被子，晚上不刷牙就睡觉。做作业也很拖拉，有时候做到凌晨才完成，早晨起不来就不去上学。她脾气很大，外婆总是小心翼翼的。为了培养她的能力，我们计划全家出门旅游，她根本不愿意策划这件事，走路时落在最后面，磨磨蹭蹭。除了多陪陪她，我们还能做什么？现在不知道该做些什么，又担心错过了最佳教育时间，说多了会起反作用，非常为难。

你女儿是有怨恨的，因为她觉得父母的工作比她重要。虽然父母把养育责任交给了外婆，但她更希望得到的关爱是来自父母的。

遇到这种情况，父母要做的就是跟孩子搞好关系。如果父母和孩子没有建立亲密关系，孩子就会表现得不合作、不负责任。

你女儿已经 17 岁了，跟她搞好关系的方式是展现对她的尊重。如果孩子还小，父母可以陪她一起睡，诚恳道歉；但现在这个年龄，她更希望获得父母的尊重。父母越尊重她，她越配合父母。

怎么尊重孩子呢？父母可以参照自己对待公司里刚入职的同事的态度。虽然新同事工作能力可能较差，但是周围的人会把他当作独立、平等的人，会表达出对他的尊重。在这个阶段，也要多和孩子谈谈父母在这个年龄阶段的心路历程。比如父母曾遇到什么事情，喜欢什么样的人，谈论这些话题会带来亲密感。

要告诉孩子：父母最后悔的事情就是没好好陪她一起长大，但幸运的是，孩子如此懂事。希望接下来的人生路上，父母可以和孩子一起成长。希望这些话能促使孩子放下怨恨，积极改变。

当父母是学霸

我儿子刚上高三，在文科班，成绩不理想。他想考上好的大学，挺努力的，但是学习效率低。跟他讲学习方法，他又不听，他的口头禅是"我知道""我会做的"。我也给他请了几位家教，效果不明显。这几个月他脾气很大，经常摔东西，嚷嚷着考不上一本院校就跳楼。我和孩子的爸爸都是学霸出身，不知道儿子为什么会这样。孩子的爸爸在外地工作，一个月只回来几天，也很难管他。我们该怎么做才能让他既提高学习成绩，又情绪稳定？

从妈妈的描述可以发现，这个孩子已经有明显的焦虑症状，开始有摔东西的行为了。过度焦虑会让人难以投入地做事，他坐在写字桌前很长时间可能根本没办法写几个字，脑中想好了要复习什么，但面对一大堆作业，什么都不能做。这种焦虑有一部分来自父母学霸背景带来的压力。可能奶奶和外婆都经常说父母小时候都是学霸之类的话，孩子从小就背负着压力，实际上内心很痛苦。

父母和孩子沟通的时候，要坦诚讨论两个时代学习特点的不同，减少孩子的压力。告诉孩子，他可以做自己，可以成为想成为的人；父母是学霸并不意味着孩子就要是小学霸。人生中的学霸包袱必须放下，不然他的前行就比别人沉重。不要给自己增加压力，这是毫无必要的。

爸爸经常出差倒是一件好事。妈妈一定要注意，和爸爸沟通的时候，不要过多描述孩子不好的学习状态，要做到报喜不报忧。否则爸爸肯定会通过电话批评孩子，一家人就陷入焦虑的漩涡。

妈妈试着用轻松的语气告诉孩子，不用把高考看得这么重要。考试已经参加了这么多场，高考也无非是换一个地方做几张卷子而已；复习已经很充分，跟着节奏走就行。妈妈要传达对孩子的信心，只要他跟着老师的节奏好好复习，不做额外的事情，也能考得不错。如果孩子能够从妈妈那里听到这样的话，就是最好的减压利器。

这个阶段妈妈要做的就是照顾好孩子的起居，做好"烧饭婆"，

而不要做学霸妈妈。

儿子开始手淫

> 我儿子上初二，15岁，最近爸爸发现他手机中有一段录音，是他自己发出的淫秽的呻吟声。他告诉爸爸，他看到另一个男生手淫，自己尝试后录了这段声音。他不让爸爸告诉我，我也假装不知道。爸爸告诉儿子他在这个年龄做了什么，买了青春期性教育的书给他看。爸爸偶尔会陪儿子睡觉，睡前聊聊天，问问最近有没有手淫。我还是有些担心，担心影响他的身体健康，不确定他是停止了这种行为，还是向我们隐瞒，没有被发现。

首先妈妈要理解，孩子已经上初二了，身体开始发育，出现手淫现象很正常，不用大惊小怪的，大部分孩子都会这么做。只要不造成孩子的恐惧，手淫就不会影响他的身体健康和心理健康。现在看起来爸爸做得很好，爸爸陪他睡，让他看书，分享自己的经历，没有讽刺和挖苦他。所以妈妈也不要太过担心，不用过于防范，而且这也是防范不了的。

一般而言，内心世界强大、性格阳光、有很多兴趣爱好的孩子，手淫行为就会少一些。生活越单一，心里越苦恼和压抑以及越敏感的孩子，手淫行为会越多。所以要增加孩子的业余活动，让孩子保持适当的运动量，孩子的手淫行为会减少的。

如果发现孩子精神萎靡，学习退步，说明孩子产生了恐惧感，对手淫有了不正确的认识。手淫不会导致将来生不出孩子，以后生大病，或者缩短寿命，这都是错误的想法，爸爸要纠正孩子的错误观念。

总之，手淫无大碍，不要因此而恐惧。

孩子每逢考试就焦虑

我的孩子上高二，男生，他非常焦虑。他努力提高学习成绩，可是每次考试都会用手去整理鞋带，注意力不集中，学习成绩忽上忽下。我们也跟他讨论，不要过分关注每次考试的成绩，他道理都明白，就是做不到。他性格比较内向，不够开朗，家里人都很关心他。只要不上学，他就没有这类问题。我要怎样帮助孩子走出这个怪圈？还是等孩子高考结束之后，让他自己慢慢恢复？

这个孩子有很明显的考试焦虑症状，对考试的在乎源自他建立了考不好他的人生会失败的观念。周围人可能不止一次告诉他，如果考不进理想的学校，就意味着他的人生将会不一样，失去了成为社会精英的机会，失去了更广阔的选择平台。同时，学校会过度鼓励竞争，比如每次考试都公布成绩排名，这也会不断增强他的焦虑感。

对于这样的孩子，比较有效的缓解焦虑的方法是，颠覆他的上述认知。这需要父母引领孩子改变认知。父母可以告诉孩子,作为一个高中生,在考试上投入那么多的心力,其实也说明他的格局比较小。高中生不仅要关注学习,而且要有宽广的心胸,关怀人类的命运和世界的前途,有更高远的视野。鼓励他参加课外活动,比如模拟联合国之类的活动,心中装的东西更多,就不会过度关注考试。也要教孩子一些放松技巧,比如冥想。如果父母没有这种能力,最好寻求心理咨询师的帮助。

怎样帮助女儿减肥

我女儿13岁,身高170厘米,体重84千克,身形健壮。小的时候我对她的身形不满意,会说她很胖。后来意识到这对她影响不好,就不这么说了。但是现在她没有自信,总是宅在家里。她想要减肥,可总是不成功。我如何帮助孩子成功减肥?

减肥是一项系统工程,尤其是大体重的人,更需要系统规划。最好带女儿去找运动专家或者去健身中心,根据她的情况制定减肥方案,执行一段时间,看看效果如何。如果通过节食减肥,通常很难坚持下去,还会影响成长和发育;即使有效果,也容易反弹。

同时,要帮助女儿增加人际交往,尤其是获得同龄人的喜欢和欢迎。比如在她过生日的时候,请一些同学来家里玩。最好多请一些男生,帮助她获得大家的认可,这会使她从自卑的状态中走出来。

妈妈可以转述其他人对孩子的正面评价，比如某位阿姨说她很可爱。孩子才 13 岁，这类暗示对孩子还是很有用的。父母甚至可以自己编一些类似的话，多夸夸她的优点。妈妈要以欣赏的眼光看待自己的孩子，来自妈妈的欣赏是最好的鼓励。也可以分散她的注意力，多和她谈谈这个年龄段的孩子感兴趣的话题，内容越丰富越好。

还有一个办法，看看能不能找到比她还重的同龄人，鼓励她们交朋友，彼此陪伴，这也会让孩子好受些。

离婚后重组家庭的烦恼

我离婚后带着女儿重组家庭，目前共同生活半年了。现在女儿 13 岁，我想再生一个孩子，但是女儿总担心我有了其他孩子后就不会对她那么好了。女儿和亲生爸爸的关系也不错，也会担心爸爸再婚后有了新的孩子会对她不好。继父对女儿很好，但女儿有时候依旧会排斥他。我和女儿说了很多遍，不管怎么样，我都最爱她，她在我心中永远排第一；爸爸妈妈虽然离婚了，但是都爱她。我担心再生一个孩子，女儿会不会接受？会不会对女儿有不好的影响？该怎么引导她？

重组家庭有了新孩子，对原来孩子肯定是有影响的，而且往往是负面影响，这一点父母要有心理准备。这件事情会让孩子感觉难过，妈妈和继父、新出现的弟弟或妹妹组成了有血缘的一家三口，而她就是局外人了。对于这种心理，父母要理解，而且要尽量做好铺垫工作，减少负面影响。

妈妈要邀请女儿做自己的帮手，帮助自己照顾新生儿，告诉她这段时间比较艰难，妈妈需要她的帮助，这样女儿会与妈妈建立同盟关系，认为自己没有被排斥。继父也要有单独带她出去的机会，比如一起出门买东西，这样能够帮助两人建立良好关系。核心是要让女儿感受到，自己是家庭中重要的成员。

如果女儿有自己的好朋友，有自己的兴趣爱好，情况会好一些，会分散她对小孩子的关注。

父母要格外注意自己对待女儿的态度，既不能小心翼翼，也不能不耐烦，这个尺度的把握是对父母的考验。要用诚恳的态度用心交流，让女儿感觉来了一个小生命后家庭氛围更融洽了，家庭生活更和谐了。

不够专注的男孩

我的儿子12岁，患有轻微抽动症。通过两个月的游泳训练，抽动症状暂时消失。孩子手指灵活性差，比如穿鞋子从来不能左右手配合，拿东西不灵活，经常掉到地上，吃饭总是把左手放在桌下。有什么方法训练吗？经常观察到孩子写作业不能集中注意力，要么抖腿，要么唱歌；如果我和爸爸在另一个房间说话，他听到后就会插嘴。他与网课老师互动时，语言匮乏，不知道提出问题。孩子已经上初一了，有什么方法可以提高专注力？

首先，孩子已经 12 岁了，训练手指灵活性已经不那么重要和有效了，已经过了关键的年龄阶段。相比之下，进行一些增强手部力量的训练可能更有用，比如做俯卧撑、引体向上等，可以增强孩子手臂的力量。

在注意力方面，孩子可能有典型的感觉统合失调症状。对于这样的孩子，最有用的是通过运动训练来提高专注力。最好的方法是打乒乓球，前提是一定要保持大运动量，每天都要训练。如果孩子能够坚持下来，会对他改善专注力有所帮助。

孩子的问题是生理原因造成的，父母不要过多指责，要多安抚孩子。请告诉孩子，尽力去做就好，实在做不到也不是他的错，不要强求结果。每个孩子身上都有好的地方，父母要多发现孩子的优点，帮助孩子构建自信心，他将来可能在父母想不到的领域有所发展。

该不该给孩子安排补课

我儿子在浦东新区的一所普通公办初中上学，成绩中上，之前一直没有补过课。现在孩子学习压力大，他虽然基础不错，但是没有学习拓展知识。他将来想要参加自招考试，考重点高中。寒假准备让他上补习班了，别的学生都在补课，我们

不补课就落后了。孩子也愿意补课，就是感觉太累。请问让孩子补课有没有必要？这个补课一定要坚持到高考那一天吗？

听得出妈妈有些焦虑和纠结，让孩子补课会心疼孩子太累，不让他补课又担心成绩没有优势。其实是否补课，要评估孩子的学习情况。如果孩子的智力条件不错，在学校能够保障听课效果，是老师公认的学习能力强的孩子，就没有必要补课了；如果孩子听课效果不好，会漏掉一些内容，补课可能有所帮助。

等孩子进入高中，就需要自主学习了。是否补课，在很大程度上要听从孩子自己的意愿和安排。孩子的心不在学习上，再多的补课也是白费时间。如何让孩子在学习上用心，才是父母要关心的问题。

孩子性格孤僻、行为怪异

我的孩子上高三，他性格孤僻，从不与班级同学来往，总是一个人待着。从高一开始，他总是一个人自言自语，有时会发笑，在学校也如此，同学把他当作异类，都远离他，不和他坐在一起。我问他笑什么，他说笑初中的某某同学；我说这么开心，讲出来分享一下，他说某某同学每天上课都在睡觉，大家都不和他说话，好可怜，他为什么这么可怜？每次发笑时我都问他，他总是反复回答这几句话。

孩子爸爸埋怨我从小对孩子太过溺爱，把本来聪明的孩子变成了这样。孩子爸爸要求孩子不要再这样笑,如果发现就打他。孩子反驳我们,说笑都不准笑,也太严苛了。作为母亲,看到孩子这样很难过。

以前我们对孩子期望很高,孩子小学阶段成绩很好,上初一时成绩也还行,初二开始逆反,初三成绩直线下滑,还与同桌打架。初中阶段孩子与我们的关系很僵,像仇人一样。现在关系缓和了,孩子不像初中时那么暴躁了,不会无缘无故摔东西了,但开始自言自语和一个人发笑。请老师分析一下,到底是什么问题?怎么解决?

自言自语和一个人发笑已经是精神疾病的症状了,通过这些描述也不能确定孩子患了哪类精神疾病,但是父母一定要重视,尽快带孩子去医院检查。如果孩子不愿意去医院,父母可以先带孩子找心理咨询师评估其精神状态,必须对孩子进行充分的评估和诊断,才能确定接下来怎么办。

提醒父母,青春期是精神类疾病的高发期,一旦发现孩子的不妥之处,就要高度重视。越早发现越好,治疗的越早疗效越好,切莫讳疾忌医。

孩子有自己的分数标准

儿子上初一,学习不用功,能偷懒就偷懒,考前从不复习。每次和他谈,他总是说考试只要60分就够了,用不着花

心思。该怎么办？

其实这是一个聪明的孩子，他在父母提出要求之前就先抛出了自己的标准。这不是没有自己的要求，而是用这种方式对抗父母对他的要求。

父母要做的就是减少要求，甚至不对孩子提要求。这一点对父母来说很难，父母极少能做到放弃要求。妈妈平时尽量少和孩子讲"你要提高成绩，要跟自己比较，看看有没有进步"之类的话，这些都是在提要求。

父母要有心理准备，并不是放手之后他就会努力学习。这期间他会经历一段内心比较混乱的时期，但是慢慢地，他会把自己的事情扛起来，对自己负责。也就是说，他会越来越明确自己的学习目标。

至于考前是否复习，这类要求以后不用再提了。现在孩子在学校按照老师的安排复习，投入的时间和精力绝不会少，考前的复习量已经很大了，父母的要求本身就不合理。既然已经将孩子交给了学校，就安心吧，孩子没有来自父母的压力，会表现更好的。

儿子总是穿妈妈的丝袜

儿子15岁，10岁的时候发现他拿了我的内衣、丝袜和鞋，放在床底下，最后发展到他穿我的丝袜睡觉。我找过心理咨询师，和他聊过几次，小学毕业之后这个毛病就没有了，初中三年也没有发现这种情况。去年9月，他转到一所新的国际学校读书，我给他安排了几门课，他上完课之后又开始穿我的丝袜了，平时藏在抽屉里。我是春季发现这件事的，4月初发现他依旧穿着丝袜去上学，我非常痛苦，不知道怎么解决这种问题。

请问儿子是不是有恋物癖？他将来会不会性别错乱？

在临床上，越来越多地遇到这类问题。孩子藏或者穿母亲的内衣、丝袜，是恋母的表现。他和母亲的关系很紧密，甚至过于紧密。作为妈妈，要重视这种现象，虽然它不会带来什么实质伤害，但是将来孩子在恋爱和婚姻上容易出现问题。孩子无法解释自己的行为，就会为之苦恼，觉得自己的举动是见不得人的、丑陋的，这会影响他的心境，进而影响其他表现，包括学习成绩。

亲密关系是双方营造的，不仅仅是孩子依恋母亲，母亲往往也相当纠缠儿子。解决方式是不断地稀释亲密关系，妈妈要创造机会让儿子单独和父亲在一起，自己不要挤在当中。比如买两张电影票，让儿子和爸爸去看电影。如果爸爸有什么社会活动，让他带着儿子参加。妈妈要从儿子的生活中退出来一些，逐渐地，儿子和妈妈之间的距离会拉远一点。

父母要鼓励孩子多进行户外活动。如果孩子提及异性同学，妈妈要采用鼓励交往、欣赏的态度。只要妈妈能够积极调整，促进孩子和父亲之间的关系，孩子的行为会有所改变的。

当然，这类问题往往涉及成人，母亲往往会成为咨询的重点对

象。母亲自己的问题以及夫妻关系等都会成为咨询中的议题。

女儿不愿意遵守学校规章

女儿上初二,学校组织学农,不让带手机,她偏要带,理由是别人也会带,偷偷带老师也不会管的。我该怎么办?向她妥协还是坚持原则?类似的事情挺多的,都不是原则性问题,比如不能去别的班级玩,备忘录上一定要写放学时间,等等。女儿总有各种理由不遵守学校规章。到底是要求她严格遵守学校纪律,还是不用那么严格,就这么算了?这些小事不断发生,烦不胜烦。对于我女儿这种个性,应该如何处理?

在集体中如何与规则相处也是孩子的学习内容,承担行为的自然后果是学习的途径。集体生活中有很多细小的规则,她怎么面对是她自己的选择,有些她一定会遵守,有些她可能偶尔遵守,有些她压根不遵守。如果她违反规章,肯定会有后果,这个后果就是自然后果。如果老师找她谈话,她就会体验到自己行为的自然后果,也会在以后权衡利弊。每个人都会趋利避害,面对自然后果就是学习的机会。在这个过程中,她会尝到碰壁的滋味,也会学会与规则相处的尺度。就像她说的,可能老师也不会管,就说明老师对有些规则也是睁一只眼闭一只眼,那就不是妈妈的问题了。现在很多父母时时事事都想替自己的孩子把握好,正确指导孩子的成长,这反倒让孩子错失成长和历练的机会。

所以我建议，对于学校的规章，妈妈不需要和孩子讨论，甚至不需要知道。这是她自己的事情，妈妈不要管太多，孩子怎么应对都可以，她只要承担后果就行了。只要不是原则性问题，妈妈都不必太认真。

至于女儿的个性，这是个有主见、有判断力的孩子，她不会盲从，当然，也可以因为欠缺阅历而行为过激。随着成长，她一定会逐渐适应环境的。

学习上有畏难现象

儿子14岁了，小的时候我没有好好陪他，每周基本上由保姆带几天孩子，我带几天孩子，交替进行。幼儿园和小学阶段，孩子会在学校住3天，在家里住4天。现在他上初中了，走读，学校里牛娃很多，他的学习成绩中等偏下。他遇到难题和错题不愿意面对，有畏难情绪。这是否和我们早期的教养方式有关，怎么弥补？不过他有一些很好的品质，比如爱看书，好东西愿意与同学分享，去超市愿意给我提东西，在学校军训中也表现得很棒。

孩子是否逃避困难和其内在的心理力量有关系。如果小的时候安全感不足，会在亲子关系中耗掉很多心理力量，做别的事情时就容易力量不足或逃避。面对这样的孩子，关键在于如何弥补，尤其是孩子处在青春期，正是塑造自我意识的时候。父母要引导孩子将这种畏难情绪进行外归因，让他看到自己的行为受小时候成长经历的影响，并不是能力不足，从而保护他的自信心。之后孩子会更加努力，内心的力量也会慢慢涌现。

妈妈可以坦诚地和孩子沟通，谈论孩子的成长经历，承认自己在孩子小的时候有做的不好的地方，尤其是因为一些客观条件，让孩子没能够连续和父母生活在一起。这种经历造成孩子小的时候内心很不安全，导致他心理力量不足，容易回避困难。听到父母的这种解释，孩子在意识上明白自己的行为是有原因的，不会觉得是自己很差，做不到很多事。当他能够把自己的行为归因于成长经历的影响，而非自身性格局限，就有了自信心。

之后，妈妈尤其应看到孩子的各种优秀品质和有力量的一面，告诉孩子他是一个可以面对困难、迎接挑战的人。要和孩子确认，在以后的成长过程中，他可以安安心心的，因为父母无条件接纳和支持他。父母这样的态度会让孩子减少后顾之忧，更有力量面对未来。

人的心理力量来源于母亲，母亲是孩子的源头。如果母亲在以后的生活中给予孩子源源不断的力量，孩子就会有变化。请理解孩子的情绪，站在他那一边，及时安抚他受伤的心，让他感觉到母亲永远支持他。

孩子有注意缺陷

儿子12岁了，身高185厘米，从小运动能力差，做大动作时经常摔跤,跳绳、打排球之类的运动都无法完成,经常东倒西歪的。小动作也表现不佳,比如画图,常将颜色涂在外面,直线也很难画出来。上小学后注意力不集中,经常听不到或者注意不到老师和父母说的话,读课文永远错字、漏字,做不完作业。

上小学三年级的时候,儿童医院确诊他有注意缺陷,开始用药物治疗。但是药物让孩子难以入睡,食欲差,半年内并没有好转,所以我们放弃了药物治疗。

孩子不是做任何事情都注意力不集中,他喜欢动物和画画,喜欢看科普类书籍,做这些事时能够坚持几个小时甚至大半天,注意力高度集中。但是当时医生说这不能证明他没有注意缺陷。这几年我们过得很痛苦,有时候都觉得自己要崩溃了。他爸爸打过他,也骂过他,骂完他之后又后悔,没有用处。他的成绩一直是倒数几名,没有自信心。

有几个问题想请教陈老师:第一,现在孩子已经进入青春期,开始变声了,对于这种有注意缺陷的孩子,父母应该怎么帮助他?应该注意什么?第二,脊柱按摩是什么样的按摩?现在做对孩子还有帮助吗?第三,现在孩子比较胖,检查出来患有脂肪肝,上五年级时请健身教练带着他锻炼,不知道是不是这个原因,最近一年他进步很多,成绩能够维持在七八十分,进步是因为有持续的锻炼吗?我们需要坚持吗?第四,原发性学习障碍和注意缺陷是同一种病吗?感觉孩子最近有进步,所以想知道这种病会慢慢好转吗?还是会伴随他

一生？

首先，孩子开始变声了，代表他已经慢慢成为大孩子了，这个时候父母一定要保护他的自尊心。如果这个时候打击他，他的自信心会被摧毁的。孩子的成绩不好，他本来就很难得到老师的赞赏。平时还上课注意力不集中，在课堂上经常听不到老师的授课内容，老师可能会经常批评他，所以在学校他更可能情绪受挫。回到家后，他就特别需要父母的支持和鼓励，这是父母最应该帮助他的地方。

其次，给孩子做脊柱按摩在6岁之前帮助更大。在这个年龄，如果父母有时间，做做也无妨，对孩子肯定没有坏处。

再次，目前的锻炼肯定是孩子进步的原因。孩子的写字慢和东倒西歪，都是肌肉张力不足的表现。同时，孩子的主动注意没问题，被动注意差，也和感统失调有关。这类孩子不能端坐时间长，往往心肺功能也差。他应该是很典型的感统失调的孩子，可能出生的时候就是巨大儿。孩子需要在有经验的教练的带领下，根据定制的训练方案进行肌肉锻炼，增加肌肉的张力，增强协调性，他读写上的困难和学习的主动性都会有所改善的。

最后，原发性学习困难是指在孩子低年级时就会出现的学习困难，比如刚上一年级就出现读写障碍。有注意缺陷的孩子未必都有原发性学习困难，但是有原发性学习困难的孩子一定存在注意缺陷。目前我们看到孩子有起色，是因为锻炼帮助孩子改善了肌肉的力量，直接影响孩子的读写能力。如果能够坚持下去，对孩子一定有帮助。孩子长大以后肯定会比小时候有进步，但是可能会比同龄人弱一点，因为神经功能上的差异难以弥补，也缺少明确的训练方法。所以父母不要指望他变成学霸，适当调整对孩子的期望，让他的表现符合其能力即可。

儿子因学习压力大而焦虑不安

孩子上高一了，他因学习压力大而焦躁、心神不宁，以至有段时间没有办法投入学习。尤其是考试的时候，遇到难题会又急又乱，平时会做的题目也做不出来了。这种情况出现了三四年了，我自己分析了一下，觉得原因有三个。

第一个原因是三年前从小把他带大的奶奶去世了，他备受打击。

第二个原因是当时家庭很不稳定，我老公在外赌博，欠下外债，后来又被发现患了癫痫，发作了几次。现在老公已经用药物控制癫痫发作，没有发现有其他不良行为。他曾出过车祸，身体状况不佳，一直在家照顾家人的日常生活。我一个人工作养家，经济上没有太大问题。

第三个原因是我一边工作一边照顾家庭，精力不足，难免忽略了孩子，但是我没有想到会对孩子有这么大的影响。孩子成绩中等，从小胆子小，性格内向，但他能体谅我，总想提高成绩，让我能够安心。我安抚他之后情况好了很多，他现在能够和我聊天了，我们的关系亲密了很多。像现在这种情况，我做什么最能帮助他，让他走出困境？

这位妈妈，你已经做得很好，看的出来你很不容易，你很伟大，要经常给自己打打气！

孩子现在很焦虑，抗压能力差，妈妈分析的原因很到位。孩子是被奶奶带大的，他最重要的心理安慰来自奶奶。奶奶去世后，他的心理支持就没有了。爸爸曾发生车祸，这件事情也会让孩子害怕，因为如果车祸更严重一些，说不定会失去爸爸。这会给孩子带来阴影，让他觉得生命是不安全的。奶奶不在了，他需要能够安抚他的人，这个人就是妈妈。现在爸爸的生存状态就是弱者的状态，所以不能给孩子强有力的支持。听起来妈妈平时比较忙碌，疏远了孩子，但是现在和孩子的关系不错，妈妈能够做到这些真的很棒，继续这样做。

孩子可以学习一些放松的方法，比如早上起来深呼吸。孩子还需要有一些宣泄压力的娱乐活动。如果孩子能够交到好朋友，他会和朋友分享感受，焦虑也会减少。

妈妈和孩子谈心的时候，不要过多谈论学习和考试的事情，因为他已经很紧张了，妈妈就不要再制造焦虑和紧张了。和孩子深入谈话时，如果孩子告诉妈妈他很焦虑，可以询问他在想什么。很多时候是背后的想法造成了紧张，询问想法并调整和纠正，是心理咨询中常用的方法。

父母也要讨论一下，孩子在家里是否无法有安定感，内心深藏恐惧。父母情绪稳定，家庭气氛和谐，孩子的表现就会有改变。

女儿喜欢上教英语的女老师

现在读高中一年级的女儿在初三的时候喜欢上一个年长的女老师,称呼老师为宝贝,就像爱上这个老师一样。她说那段时间她得到了很多爱情体验,但是老师的表现很正常,没有一点出格的举止。初三毕业后,女儿和老师切断了联系,但是我感觉到她还是没有忘记老师。

现在女儿上高中了,她又开始喜欢一位教英语的女老师,会亲密称呼这位老师,看到老师和其他同学待在一起,就表现出很强烈的嫉妒。我们家庭很和睦,夫妻关系很好,女儿和爸爸的关系也很好。女儿有时候会问,为什么父母没有亲密的举动,主要是因为我和老公都是传统、保守的人,不习惯当众有亲密举止。

孩子和同学关系一般,和同龄人缺乏共同语言。她不看电视,不打游戏,不看动漫,沉浸在自己的小世界中。我女儿是同性恋吗?她看到英语老师对自己的丈夫或其他同事很好都不嫉妒,就是嫉妒老师对其他同学好,这正常吗?是不是我对她太好了,她有恋母情结,投射到老师身上了?

在临床上,我也遇到过这样的案例。进入青春期,但凡容易迷恋上同性老师的孩子,他们的同伴关系都不佳。实际上,这个年龄阶段的孩子特别需要同伴,尤其是女孩子,她需要一个形影不离的同伴。你的女儿不看电视、不打游戏、不看动漫,跟同龄人没有共同语言，所以很容易把这种需要同伴的情感投射到老师身上。跟老师建立联系，她就不会孤独了。就像她嫉妒的是老师对其他同学好，其实就是害怕其他同学抢走她唯一的伴儿。如果这种需求没有得到满足，她就会不断寻找替代同伴的老师。

关键是帮助孩子找到自己的同伴。比如，妈妈可以想想，能不能从亲戚、朋友家找到和女儿年龄相仿的孩子，两人认知水平相当，可以鼓励他们成为好朋友。如果实在找不到，也可以鼓励孩子上网，在网上寻找朋友。如果孩子有了可以进行精神交流的同伴，对老师的依赖就会减弱。

怎样改善母女关系

> 我有两个女儿，相差7岁。大女儿现在上初一，在小女儿出生之后，她就不能从母亲那里感受到母爱了。她母亲的性格特点是急功近利，社交能力高超，喜欢在外结交朋友；在家人面前既小气又没有同情心，把所有的错误都归在别人身上。我们两人的经济是独立的，家里的开支都归我。大女儿在家里得不到认可，之前离家出走过一次，现在和奶奶生活在一起。两个女儿3岁以后都由我照顾，晚上睡觉上厕所都由我带她们去。现在我该做点什么，才能让母女关系改善呢？

这是一个爸爸提出的问题，看得出来爸爸和女儿的关系很好，父女关系是没有问题的。爸爸唯一要做的就是，注意不要太控制大女儿。到了青春期,孩子需要独立性,需要有自己的空间,这个时候她做了什么,爸爸是不需要知道太多的。问得太多,就成为一种控制。

大女儿和妈妈的关系不太融洽,而且她现在住在奶奶家,改善母女关系的主要启动人应该是妈妈,你不能要求一个未成年人先做改变。首先要让妈妈意识到母女关系的重要性。大女儿现在和奶奶住,会和奶奶形成比较好的依恋关系,将来即使大女儿回到妈妈身边,也很可能会有较多冲突。假如妈妈不想出现这种局面,就要想办法跟大女儿改善关系。

妈妈可以主动找大女儿聊一聊,询问大女儿对她有什么不满意的地方;大女儿不开心,一定是妈妈有做得不好的地方,可以指出来,双方一起努力。要告诉大女儿,她是妈妈最重要的人,妈妈很看重和她的关系。如果妈妈听不进去这些建议,爸爸也无法劝导妈妈,可以寻找专业咨询师的帮助。

进入高中后成绩一落千丈

女儿考进了一所非常好的高中,但现在的表现和初中阶段很不一样,做作业拖拉,或者索性抄答案,其他时间就玩手机,成绩一落千丈。父母一谈到学习,她就变脸;让她学习,她也不肯。小时候很优秀的孩子现在为什么变成这个样子?是叛逆,还是心理有问题?父母应该怎么做?

这种情况很普遍。我见到很多孩子，小时候是优等生，进入很好的高中后反倒迎来当头一棒，倍感挫败。小学阶段她们习以为常的角色是班级甚至年级的优等生，现在却很难维持这种地位。尤其是女孩子，小学和初中阶段容易与老师配合，乖巧听话，获得老师的欣赏和表扬；而同年龄的男孩子往往调皮捣蛋，常被批评。但高中阶段与此不同，学业压力很大，男孩子的心理成熟度有所提高，成绩和表现也开始越来越好；同时，在好的高中，优秀的孩子太多，竞争的压力无时不在，还想像以往一样冲到最前面是有难度的。如果孩子的早期教育中缺乏抗挫折训练（例如，处理现实事务等），就在心理上不能接受这种挫败，不能接受自己是不优秀的人，于是状态不佳，缺乏学习动力的症状就出现了。

关键问题是孩子的心理状态需要调整，要解除她对学习的错误认知。她要认清、面对并接受自己在高中阶段不能成为学霸的可能性，这一点很多孩子都做不到。父母的态度也很重要，当女儿的成绩排名倒数时，父母能够接受吗？这些学校的学生都是通过自己的努力考进去的，在以前的学校都是优等生，凭什么他们就不能考得比你的孩子好呢？如果父母能够坦然面对孩子目前的学习结果，孩子自己的焦虑也会少一些。往深处谈，就会触及父母的价值观，父母甚至需要颠覆自己的价值观（很多父母认为，人来到这个世界上就需要去竞争，竞争是人的本质）。

如果父母和孩子的认知不能调整，将来的高中生活会过得很痛苦。

超级拖延的孩子

> 我家里有个 14 岁的女儿,每天为了让她按时上学,我们都快崩溃了。几乎天天都要催,不到最后一刻不踏出家门。其他方面也是如此,无论是学习上还是生活上,事事都拖延,对父母的提醒置若罔闻,几乎到了让人抓狂的地步。该如何引导这类孩子?

很容易想象这样的家庭生活——父母的声音像不断重放的录音,每天早上说的话一模一样,见到孩子的表现也一模一样。父母不能理解孩子为何对提醒置若罔闻,道理很简单——重复的次数太多了,耳朵关上了。

很多时候,我会严肃地问这样的父母:"你们能不能不再说了?"父母就会回答:"如果不说,她就更不做事情了。"我会继续追问:"那又怎么样?"其实父母的做法造就了孩子现在的问题。父母把上学看得那么重要,如果孩子不起床,全家人都围着她,这可以获得多么强烈的关注!提醒父母,不要再这样做了,因为正是父母的行为造成了今天的局面。上学是孩子自己的事情时,孩子才能自我约束,才能更对自己负责。

可以跟孩子谈一次,告诉孩子:"我们已经很厌烦了,不能再这样生活下去了。你上不上学是自己的事,从明天开始你自己解决早上上学的问题。我们不再啰嗦了,这样下去,我们跟你讲重要的事情你也不会听。我们要改变这种现象,从明天起,每天只有两个闹钟叫你起床。第一个闹钟响了之后,第二个闹钟会隔 5 分钟后再响。"

很多父母听了这样的建议之后,会问我,如果第二天两个闹钟都响了,她依然爬不起来,该怎么办?我也要提醒父母,一定要坚持住,放手不是容易的事。我会反问父母:"你们上班去了,能怎么办?!放心,孩子一天不去上学或者迟到天塌不下来。"后天再看看会怎么样。如果孩子依然没有起床,父母依然不要和她说什么,她会终于明白上学是她自己的事情,不再是父母的责任。

还要提醒父母,不仅在起床的问题上不再与孩子纠缠,在其他事情上也要如此。言行一致,孩子就会改变。

女儿一定要和妈妈一起睡

> 我女儿刚上初中,今年 12 岁。现在只要和朋友或同学一起玩,她马上就把我抛弃了。我也采取不干涉的原则,她和朋友玩,我就和其他妈妈们聊天。但令我困惑的是,当她单独和我在一起的时候,总是要抱抱我,尤其是晚上,一定要和我睡在一起,让我抱着她睡觉。这是怎么回事?

看得出来,女儿与妈妈的情感依恋很强烈。所有孩子潜意识里都会照顾母亲,甚至为母亲牺牲。所以很多时候,看起来是孩子的要求,其实表达的是母亲内心的潜在要求。就像这位妈妈,在内心也是很愿意抱抱女儿,和女儿睡在一起的,这其实是妈妈内心的需求。如果妈妈厌烦和女儿一起睡觉,女儿可以感觉出来,会走开的。

妈妈要解决的是自己的问题,尤其是女儿离开之后自己的失落感和对孩子的依恋。要注意,夫妻关系不和睦的情况下,妈妈更容易如此做。

长期熬夜怎么办

我女儿从小学二三年级开始就晚睡,刚开始时 11 点钟睡觉,现在随着年龄增长,常常凌晨一两点钟睡觉,熬夜看书。晚上睡得晚,早上起得晚,早饭没有时间吃。我们劝她也没用,她也知道熬夜的坏处,但是依然我行我素。我们该怎么办?

有些孩子的生物钟就是偏晚睡型的。比如有些妈妈在怀孕的时候习惯晚睡,孩子出生之后也容易形成晚睡习惯。女儿知道晚睡的坏影响但就是做不到,可能就是这种原因。父母可以做的就是在周末的时候让孩子睡足,睡到自然醒。其他五天就不用管了,也管不了。如果能够在周末沉睡,身体就有机会获得休息。

发现孩子看黄色视频

我最近在 iPad 上发现了十几个黄色视频的观看记录,怀疑是刚上初一的儿子看的。怎么向孩子求证呢?好像不适合直接问儿子,如果不是反而让他害怕或者反而提醒了他。如果确实是他搜索观看的，沉迷其中肯定是不行的。要进入青春期了，面临这样的问题父母该怎么办？

可以肯定就是孩子看的。现在十一二岁的孩子探索性知识，网络是最常见的途径。他们对性的了解比我们这个时代的人进步多了，父母不要大惊小怪，很多孩子都会这么做。

父母不要直接问，这会让他们更加防备父母，以后更鬼鬼祟祟、偷偷摸摸了。

父母可以和孩子共同探讨两性问题，尤其是性道德问题。这也是我们现在教育缺乏的内容，很多老师和父母都会回避这个问题。

人和动物不同的地方就是，春天到了动物会自然发情，然后交配；但是人的性行为是需要情感参与的，如果没有情感参与就等同于动物的交配。这里的情感就是爱情，爱情有三个元素，分别是激情、承诺和亲密关系。激情是短暂的；承诺是承担责任；亲密关系是人格成熟的人才能建立的一种关系。青少年还没有承诺的能力，他们连自己都保护不了。青少年阶段的感情往往只有激情，很不稳定。这个阶段不适合发生性行为，跟孩子这样坦诚沟通之后，孩子会对自己的行为更加负责。

如果孩子有阅读习惯，可以买一些青春期必读书籍，放到家里，让孩子可以随手拿起来阅读。对青春期的身体变化和性知识有所了解之后，孩子就不会过度关注此类问题了。其实性教育的最佳年龄阶段是幼儿园阶段，但幼儿园阶段没人给予这方面的教育和引导，所以到了青春期，孩子会自发探索，看黄色视频往往是一种探索的方式。

父母把这些性知识告诉孩子，孩子一般来说是会理解的。孩子的年龄越来越大，他用手机做什么父母是没有办法全面控制的。父母可以和孩子探讨，哪些软件不适合装在手机上，希望他能够删掉；作为青少年，一些软件可能会提供不适合他们的内容。这样做是可行的，同时性教育也要跟上，就不会有太大问题。

孩子喜欢暴力行为

> 我的孩子和亲戚的孩子一起玩，别人不遵守秩序或规则时，他就动用暴力性语言和行动，请问这样的孩子该如何引导？在我们家，如果他不遵守规则，我会在劝说无效的时候用棍棒执法，是我的棍棒执法造成了他的暴力行为吗？

父母已经自己分析了原因——孩子不遵守规则，父母打他；别人不遵守规则，他打别人，这是很符合逻辑的。这种行为很正常，就是有样学样嘛！

要改变这种情况，方法也很简单，就是爸爸做正确的表率，让孩子学习新的行为模式。比如爸爸跟儿子说："你不遵守规则的时候，爸爸打你是错误的，爸爸一定改正。以后我要和你一起制定规则，这样你才能更好地遵守。在制定规则的时候我们会一起讨论，看看你有什么需要，制定合理的规则。"这样做就是父母在用切身的行动引导孩子，孩子在和其他小朋友一起玩时，就能够和别人一起讨论并制定规则。还要引导孩子多思考，比如，如果不遵守规则的孩子年龄很小，可能并没有真正理解规则，他就要原谅对方。

还没有进入状态的妈妈

> 我有个儿子，13岁，上初一。自9月份上初中以来，做作业时喜欢独自关在房间里，如果父母有事进去，他会立即让父母出去，态度生硬，让人感觉很难受。但晚上睡觉时经常想让爸爸陪，做作业也不拖拉。家里夫妻关系融洽，亲子关系也还好，属于慈父严母型（妈妈比较严格）。孩子和妈妈对着干，即使心里同意妈妈的意见，也会做些扭脖子、瞪眼的动作表示抗议。
>
> 想请问陈老师，这种情况下妈妈该怎样做才能更好地和儿子沟通？目前孩子成绩还好，但感觉孩子有学习压力，比较焦虑，这种情况该怎么处理？孩子遇到难题不爱思考，总想等着老师讲了再做，又该如何处理？孩子还想过自杀的方法，觉得痛苦放弃了，为什么他会有轻生的想法？

从描述来看，妈妈还没有找到做母亲的感觉呢！有些妈妈即使生了两个孩子，但在我看来，母性也没有完全激发出来。妈妈十月怀胎，和孩子培养亲密关系有先天的优势，她对孩子的爱是无条件的。母性要求妈妈像老母鸡一样护着孩子，当妈妈不愿意做"老母鸡"，爸爸就会替代妈妈去展现母性的保护本能。在这个家庭中，实际上爸爸和孩子的关系更亲近。在这种关系中，改变的重点不是儿子，而是妈妈。

我曾做过调查，询问多个初中生，有这样两个妈妈，他们更喜欢哪一个。一个妈妈取得很高的社会成就，但是很忙，厨房内根本见不到她；另一个妈妈与之不同，只要孩子回到家，一推门就能看到妈妈系着围裙在厨房里忙碌。孩子们不约而同地选择后一个妈妈，因为"围裙妈妈"给予孩子更多的家庭温暖和无条件的爱。当妈妈做到了这一点，才能逐渐改善和孩子的关系。

至于孩子的学习，既然父母已经注意到孩子有焦虑症状，就要引起重视。我们见到很多孩子小学时成绩很好，进入初中后就维持不下去了，每逢大考就表现不佳，常常是因为过度焦虑。

面对这样的孩子，父母要做的就是帮助孩子减压。最重要的前提就是控制自身的情绪，轻松面对孩子的学习和考试，不要把自己的焦虑传递给孩子。现在的孩子在学校已经承担了很多学习压力和焦虑，回到家之后，如果父母依旧焦虑，孩子的压力就会超负荷，让他们难以承受。

很多父母意识不到自己的焦虑，其实焦虑是通过言行和态度传递出来的。比如父母一开口总是谈学习或考试，传递的就是焦虑感。父母表达放松的方法就是少和孩子谈论这些，淡定面对孩子的考试成绩。孩子考试成绩好的时候不要过于高兴，使劲奖励孩子，或者给爷爷奶奶等亲朋好友打电话夸耀孩子的成绩，此类举动会明确地传达父母重视成绩的信息；当孩子考试成绩不理想

时，父母也不要指责孩子，安慰一下孩子就可以了。如果父母能这样做，孩子会看到，不管成绩怎么样，父母更关注他自身，对成绩的焦虑就会减轻。父母要求越高，孩子越容易出现考试焦虑。

现在孩子的学习强度很大，在学习上投入特别长的时间，他们放学回到家时已经很累了。那么多的作业，遇到难题暂时不想多想是正常的情况，第二天听老师讲解之后就会做了。要求孩子主动思考，使劲磕难题本来就不合理。父母不要上纲上线，正常的行为都冠以畏难或没有勇气之类的说法，会让孩子很委屈。

对于最后一个问题，青春期的孩子有一个特点就是"为赋新词强说愁"，经常"无病呻吟"。他们这个阶段开始探讨人生的意义，很容易产生人生没有意义的想法，说出不想活了之类的话。父母一方面要关注孩子的情绪状态，另一方面也不要过于担心。父母可以做的就是和孩子一起探讨人生意义，把自己的理解告诉孩子，这是对孩子有帮助的做法。

女儿不敬畏妈妈

我女儿今年上初一，让我头疼的是她对我没有敬畏感，不怕我。小的时候，我经常打她，因为我本身是一个负能量很多的人。两年前我开始学习心理学，母女关系开始融洽了，可是我现在完全没有办法对她强硬起来。因为小时候曾打骂她，我心里对她充满内疚。她现在成绩中上，生活愉快，但是天天花好长时间玩手机，不遵守我制定的每天只能玩1个小时手机的规则。我定下规则，她不想遵守就不遵守，我怎么办？难道她处于青春期，我就只能屈服、顺从她吗？

女儿成绩中上，说明她在学习上是努力的；还有多余的时间玩，说明她的学习效率挺高，妈妈还有什么可担心的？孩子学的时候认真，玩的时候尽兴，这不正是很多父母想要的嘛！

很多时候会发现，父母看不得孩子玩，觉得孩子最好时时刻刻都在学习，稍微放松一下，父母就如临大敌，上纲上线。也难怪孩子会觉得父母不爱他们，和父母冲突不断，其实是被父母逼得连喘口气的时间都没有。

我要提醒妈妈，小时候对孩子严厉打骂，好不容易在这个阶段和孩子重新建立了亲密关系，就要珍惜。如果继续想让孩子服从权威，很容易将孩子推得更远，又回到原来的状态中，得不偿失。妈妈真正要做的不是让孩子听从自己，而是继续学习，认识到自己内在对权威和服从的需求。

孩子的成绩受老师情绪的影响

我的孩子今年上初二，他的情绪特别容易受老师态度的影响。如果老师喜欢他，老师执教的这门课的成绩就好；如果老师不喜欢他，这门课的成绩就不好。同一门课，老师变动也会影响孩子的成绩，成绩波动比较大。我应该如何引导他摆脱老

师情绪的影响？

青春期孩子会出现"爱某师就爱某科，不爱某师就不爱某科"的现象，这种现象是阶段性的，在初中学生身上比较明显和普遍而已。

你的孩子比较情绪化，这也很正常。在这个年龄，他们的理性发展要稍微落后于感性体验。遇到这种事情，父母可以从以下几个方面做起：

首先，不要把负面的观念传递给孩子，例如"老师都偏爱学习成绩好的学生"。如果孩子回到家跟父母说起学校里的琐事，父母要注意，不要马上想当然地发表议论，说出"这个老师怎么这样没有师德"之类的话。父母的话很容易被孩子记入心中，如果孩子对教师这个职业本身就有偏见，一旦遇到事情，就会将问题归因于老师，过分情绪化。

其次，尽量弱化孩子对老师的负面情绪。当孩子不喜欢某个老师时，父母要跟孩子说，可能最近孩子和老师的情绪都不好，才会状态不佳。如果孩子开始偏科，比如因为不喜欢数学老师而成绩下滑，父母也要坦诚地谈论数学学习本身，告诉孩子数学学习本来就很有难度，取得这样的成绩已经很不容易了。这样孩子容易把情绪和喜好、老师和学科分开，对这个科目和老师的负面感受会少一点。可以试试这样说："为什么你与其他老师可以相处，只有这位老师难以相处？看来他确实特别点（父母要先站在孩子那一边，肯定和理解他）。不过，如果你能与他也相处得好，那才了不起！你要不要试试看?"

最后,可以和孩子讨论感性和理性的关系。比如在哪件事情上,孩子表现得有些情绪化。这件事情最好是一种中性的事情,不要直接说孩子对某位老师的评价过于感性,不够客观。父母也要站在孩子的角度理解孩子,分享成长经历,自己在孩子这个年龄阶段做事看人时也比较情绪化。这种接纳的态度会让孩子逐渐思考自己的问题,行为也会随之改变。

重塑学习数学的信心

> 我女儿上初一,学习成绩中等偏上。她上小学时不喜欢数学,总是有畏难情绪,做作业粗心大意。她也认为自己不是学数学的料,是数学学渣。我听到这些话很难受,其实如果她静下心来学习,数学成绩也能够中等偏上。如何鼓励她,让她重塑学习数学的信心?

数学学习的确很依赖孩子的逻辑思维能力。你女儿可能也发现了自己的能力差异,比如语言能力、形象思维能力都不错,但是在逻辑思维能力上就差一些。

女儿成绩中等偏上,数学成绩也不会太差,所以妈妈首先能做的就是听孩子说,理解和接纳孩子内心的苦闷感。接着要引导孩子看到,她面对数学和其他科目时有不同的学习心态。孩子都喜欢简单、有成就感的科目,所以对于优势学科,他们会用拥抱的心态面

对，上课的时候会更加轻松。但是对于弱势学科，他们就会有些排斥，能逃则逃。妈妈可以询问女儿在不同科目的课堂上心情怎么样，感受如何，表现得好不好，引导孩子看到，实际上是她自己在心理上为数学学习设置了很多负面情绪障碍，这才是真正对她成绩不利的因素。鼓励孩子用一种积极、喜欢的态度面对数学，每次上课都是跟随老师学习新知识的过程，遇到不会的题目很正常，心理上不排斥就会有进步。当孩子有进步的时候，要积极鼓励和肯定她，逐渐树立学习数学的信心。

很少有孩子能够门门功课都优秀，父母也要接受这一点，不要每门功课落后都要找原因，都要对孩子提要求。

重视规则但忽视乐趣的孩子

我的孩子上初二，今年八月份去德国参加夏令营活动，在一场棒球比赛中和带队老师发生冲突，认为对方犯规，为了这个事情一直争论不休，还找到裁判评理。日常生活中我们也发现，他非常在意规则，尤其是在一些运动项目中，比如平常娱乐性质的比赛，也要严守规则。我跟他打篮球，他也会指出我犯规。从小到大都是这种表现，这种情况正常吗？为什么他如此在意规则而忽视玩的乐趣？我该怎么做？

每个人的思维特点不一样，有些人比较偏执，表现为更在乎道理，容易与人较劲。常人看待事情的侧重顺序是"情理法"，有部分人是"法理情",他们一定要把规则理清楚之后才能理解事情。你的孩子也如此,所以不但在比赛中强调规则,还会在其他事情上较真。这一点在学习上是优势,但在人际交往中,就会有所不妥,因为人际关系中的情感成分更重要,很多事情也没有规则可言。

怎么帮这类孩子呢?最好的方法是从小训练。现在孩子已经上初二了,父母要做的就是经常跟他讨论情感类问题,也可以让孩子多看情感类小说和电视剧。

比如在假期,完全可以给孩子布置课外作业,看一些《甄嬛传》之类的电视剧,因为这类电视剧中人物关系比较复杂,关系的发展往往没有明确的规则可言。如果孩子能够看懂人物讲话背后的动机,就是在不断练习识别和感觉他人情绪的能力。父母可以给孩子布置作业,跟孩子讨论剧情,孩子看懂之后再往下进行。如果第一次看不懂,也是正常的,可以多看几遍,直到看懂为止。这种不断观察、感受、讨论的方式会对孩子有帮助。

让孩子内心强大起来

女儿上高一,从小我自己带大,对她要求比较严。小学时候还好,初中之后她有了自己的主见,认为学习是为了妈妈,表现得好也体现不了真正的自己。当时我没有意识到问题的根源,一直打压她,亲子关系一度很糟,中考成绩也不理想。现在进入高中了,我认识到问题在于父母,也向她道歉了,亲子关系有所改善，但是感觉孩子的内心还是比较脆弱，不太认同自己。我现在要怎么做才能够帮助孩子，让她内心强大起来，看到自己的力量？

女孩子的自卑和自信和妈妈的眼光有关系。但凡我们看到一个活泼、大方、有能力的女孩，她背后肯定站着一位欣赏她的妈妈。如果妈妈能够从内心深处欣赏孩子，孩子就会感觉有力量。现在妈妈已经意识到自己的问题了，这是很好的开始。除了向孩子道歉，妈妈还要做得更多，让孩子感受到你在内心是接纳和喜欢她的。

妈妈要经常在爸爸和亲戚、朋友面前讲孩子的优点，尽量不要数落和挑剔孩子。

妈妈想想自己做孩子的时候多么渴望母亲的欣赏，现在要把这种欣赏给女儿。

当父母开始改变

我原来是一个很强势的妈妈，孩子也一直很优秀，但初二以后从不愿背默课文发展到厌学，与同学、老师的关系都不好，无奈之下我们根据他的意愿转学到国际学校。我们也开始改变做法，尊重他的意见，倾听他的想法。开学时间不长，他又不想去上学了，既不想学习又不想做作业，只想在家里呆着，像猪一样生活。他不愿意与我们交流，平时住宿舍，回来就打游戏；情绪焦躁，家务不愿意做，寝室里也乱糟糟，生活习惯很差。怎么引导孩子相信我们的改变，能够跟我们沟通呢？

如果父母没有让孩子觉得其理念有真正的改变，孩子会用自己的失败打击父母。他要用失败的人生证明父母是错的，所以从这个角度来说，在亲子战争中输的一定是父母。

可能父母觉得自己改变了，开始倾听孩子的意见了，孩子的感受也如此吗？如果他还是对过去耿耿于怀，认为父母现在的妥协只是没有办法，退而求其次的表现，比如虽然从公立学校转入国际学校，但还是要求他以学习为重，那孩子肯定会用自己的行为去逼迫父母真正重构自己的观念。他就是要像猪一样呆着，像一个无赖一样什么都做不好。这时候孩子的行为其实是一种姿态，他要用自己的行为质问父母——父母能不能接受他这样的一面？如果父母能够接受，不管他是一个什么样的人，都会去爱他，都捍卫他自我选择的权利，接受他的选择，孩子才相信父母的观念真正改变了。他也就没有负担，可以往前走了，因为他会确定不管以后如何，父母都不会抛弃他。

面对这种情况，父母要做的就是少和孩子谈学习，要控制住自己的期待、焦虑，切实关注孩子其他方面的感受和发展。要真正关心孩子，这才是帮助孩子回到学校的一味良药。

另外，这个孩子还有人际关系问题，这对青春期孩子来说也是个严重的问题。如果这方面没有改善，孩子难以有内在动力。

孩子想要休学

我的孩子上高二，现在就读于重点高中。因为逃课（课外辅导课）和违规使用手机，被我和爸爸打骂过，产生了轻生的想法。带到医院，诊断为抑郁症，服用药物，到8月底病情平稳，药量也减少了。开学后新班主任因为他在学校违规使用手机而没收了他的手机，他要我们帮他把手机要回来，我们没有答应。他回家后就不好好做作业，所有时间都躺在床上看手机（旧手机）。平时早上起来会心慌，喘不过来气，浑身一点力气都没有，会突然抽动……现在他不能去上学了，医生说他开始有焦虑症状，增加了其他药物。一个月下来症状更严重、更频繁了，现在药量已经增加，情况依然没有好转。孩子和我聊过两次，说不想读书了，想要休学，怎么办？

孩子目前只能休学了，对父母来说，孩子的身体肯定比读书重要。身体状态这么糟，父母就需要把学习放一放，等孩子调整好了再学习。

在这个案例中，孩子的状态在一定程度上与父母的态度有关。当孩子遇到倒霉的事情，父母做的不是保护孩子，而是打骂孩子，甚至把孩子往外推，孩子会感觉很无助。

更关键的是，在孩子休学这一年中，父母准备怎么做？孩子目前的状态和父母的育儿理念有关，如果家庭心理环境不能有所改变，孩子再次进入学校后，过不了多久还会出现问题。父母一定要意识到自己的问题，这段时间内除了让孩子服药治疗，最重要的是改善家庭的内在环境，转变育儿观念。建议父母找专业心理咨询师，在心理咨询师的指导下，从自身改变做起。

学会尊重人可能是父母改变的第一步。请尊重你们的孩子，接受一个读不好书的孩子，父母爱孩子是无条件的，并非因为孩子是个好学生。

母亲该不该再婚

> 我离婚五年了，目前与11岁的女儿一起生活。去年我认识了一个丧偶的男士，他有一个17岁的儿子。这位男士的品行蛮好的，他儿子也同意爸爸再婚。但是我女儿不同意，她说害怕叔叔把妈妈带走，妈妈不要她了。看来孩子没有安全感，这是我们成人造成的。我们要如何做才能弥补？我是否尊重女儿的意见，暂时放弃再婚，好好陪伴女儿成长？另外，女儿很自卑，总说自己不如别人，其实她挺不错的，我要如何帮助她？

我不赞成妈妈为了孩子就放弃再婚，因为遇到一个合适的人很不容易。等过几年妈妈会抱怨女儿，因为她上大学之后会离开妈妈，而妈妈觉得为她做了巨大牺牲，却落得孤单一人。只要妈妈有这种牺牲的感觉，一说出口对孩子就是很大的负担，孩子以后的生活也过不好。妈妈可以从以下几方面增强孩子的安全感，改变她对

妈妈再婚的态度。

不知道女儿和爸爸见面的频率高不高？爸爸是否再婚了？这个时候，如果孩子与爸爸关系不错，让爸爸和孩子谈一谈是比较合适的。爸爸可以告诉女儿，妈妈也需要感情上的依靠，她应该支持妈妈。

接下来妈妈要创造男友和女儿相处的机会，促进双方建立良好关系。可以三个人一起参加活动，在活动中让男友照顾女儿。如果女儿能够从叔叔那里感受到力量和支持，她会喜欢上他的。一般而言，在再婚家庭中，女儿和继父之间的关系是比较容易保持和谐的。当男友和女儿处理好关系之后，可以再邀请男友的儿子加入，经常四个人一起玩。多鼓励女儿和哥哥一起交流，这样女儿可以感觉到，自己不仅没有失去妈妈，还多了这么多的人帮助她、支持她，安全感和自信心也会有很大的提升。孩子会慢慢接纳对方，接受妈妈再婚这件事，融入重组家庭。

女儿患了焦虑症

我女儿今年18岁，从小成绩优异，考入了重点高中。高一时积极向上，高二就辍学回家了，理由是担心在学校考试不好，无法专心听课。今年开学自己要求上学，几周后又要求回家，理由是自己在学校感觉难受，情绪烦躁。让她坚持一下，她说不知道自己想要什么，有何意义。目前在家玩手机，不学习，也不想放弃上大学这条路。该如何引导她？

这个孩子的表现实际上是焦虑反应。孩子对高考太在意了，如果得不到她想要的结果，就无法面对。一个人面对无法克服的焦虑，就会思考意义。既然活着没有意义，那么高考还会有意义吗？这其实是对自己的一种保护。孩子18岁了，已经形成了一套容易制造焦虑的认知观念，这可能和父母的观念有关，所以父母也需要做必要的调整。

首先建议孩子服用抗焦虑药物，因为长期焦虑会影响神经回路的形成。孩子的焦虑持续了两年时间，需要药物治疗了。

其次需要寻找有经验的心理咨询师，接受心理辅导。最好父母和孩子一起去咨询，孩子能够正确认识自己的负面认知，并且进行一些有针对性的训练，才能真正有所改变。这个过程可能比较长，父母要有打持久战的准备。

妈妈要扮演老师的角色

> 我的儿子刚上初中，成绩不怎么好。我要辅导他，他不肯，要自己学。可是我不放心，担心他复习不到位，我该怎么办？

这个妈妈在学习方面是很焦虑的。刚上初中的孩子很多时候并不知道该怎么学习，所谓的复习和预习，往往是听从老师的要求，老师让做什么就做什么，这样也就可以了。这是应试教育的特点，也自有好处。所以不用担心孩子复习不到位，因为这是必然会发生的事情，担忧只能成为父母掌控孩子的理由。

同时，孩子其实很反感母亲扮演老师的角色。学习的要求是老师提出的，一旦父母提出这些要求，其实角色就混乱了。孩子也容易把学习的责任放在父母身上了，本来能够自主学习的孩子也很难做到自觉学习了。

在临床上遇到过很多这样的父母，他们总是不放心，对孩子的学习不满意。这里面会出现一个恶性循环——到底是父母想要扮演老师的角色，造成孩子学习成绩差？还是孩子成绩差，让父母不得不承担老师的角色？其实，在临床中，更常见的是前者。但凡妈妈要做老师的，孩子的学习反倒不容易优秀。所以妈妈真要从自己的改变开始，首先不要扮演老师的角色，更不要提复习和预习的要求。打破恶性循环，才能培养孩子的自主性，成绩才会变好。

孩子总是撇嘴

> 孩子一个月前出现撇嘴的现象，频率很高。我们很担心是抽动症的表现，该怎么办？

撇嘴频率很高很可能是抽动症的一种表现，抽动症的发病机制就是长期紧张，无处宣泄，通过身体寻找出口，有可能是挤眉弄眼，也有可能是撇嘴或者其他动作。

关键不是怎么治疗撇嘴现象，而是寻找紧张源，即孩子为什么紧张，在紧张什么？有些孩子是因为同伴关系感受到压力，怕自己不受欢迎；有些孩子是学业差，担心没法向父母交代；有些孩子是父母管束太严，压抑了很多情绪。当紧张源消失后，孩子自然会放松下来，就不会再撇嘴或者挤眉弄眼了。

很多时候，父母很难找到问题根源，就需要向心理咨询师求助，这要经历一个比较痛苦的咨询过程。如果孩子的抽动症状比较严重，建议去医院治疗并辅以心理咨询。

高中生想过隐居的生活

高二男生看到社会竞争激烈就想逃，想过隐居的生活，父母该怎么引导他？

不同的人面对生活的态度是不一样的，有些人内在能量充沛，容易成为竞争的高手，比如《红楼梦》中的王熙凤；有些人内在能量少，不太愿意参与竞争。你能想象林黛玉去夺权吗？

很多时候，面对激烈的竞争，成人都会有隐居的念头，更何况孩子！真正独立的人完全可以并且有权利捍卫自己的情绪和思考方式、生活方式，这是很考验父母的。比如，如果有一天你的孩子告诉你，"我要做一个和尚"，你会怎么回答？无论他作出什么选择，父母都应该支持他。每个人选择的生活方式不同，但都自以为向真理趋近。有些人喜欢追求事业发展，有些人通过学习哲学、物理学去探寻真理，在生命面前大家是平等的，并没有优劣之分。

如果你的孩子是不愿积极竞争的人，也没有什么不好啊！孩子有这样的念头，在一定程度上是感受到了很大的压力。当他厌倦这

种高强度的竞争，作为父母，要尽量理解他，而不是大肆说教。要理解他现在的处境，理解高竞争环境的压迫感；如果父母身处这种环境中，也会感觉压力很大。

当父母理解孩子，孩子的心就会坦然、安定，才会继续待在这个环境中。父母的理解是孩子的减压阀。其实，他不愿意参与竞争也是不可能的，因为他已经身处其中了。

儿子喜欢钻牛角尖

> 儿子读高中，成绩中上，这学期开始对学校制度不满，老师不喜欢他这一点，认为他钻牛角尖，请问该怎么办？

成绩好的男孩子也有些偏执，正因为他喜欢钻牛角尖，他才容易学得好。学校的管理制度不是完美的，孩子这样说肯定有他的道理，只是别的孩子没有说，而他说出来了而已。

面对这种情况，父母首先要理解孩子。父母要和孩子谈论自己的成长过程，在这个年龄段父母也曾有类似的想法和行为表现。引导他看到青年人容易愤怒或盲从，因为他们容易将社会和生活理想化。

接着可以和孩子讨论，看待问题的角度不同，形成的想法和感受也是不同的。他是学生，更多的是从被管理者的角度看待制度。如果他是班主任，要管理几十个学生，需要达成一个目标和共识，他会怎么办？他有没有什么建设性意见？这也是在引导孩子，遇到问题时不应该只指责别人，解决问题更重要。

如果孩子发现他也拿不出什么解决问题的好方案，就知道自己身在局外了。世上的事情不像他想象的那么简单，某种解决方案存在一定有它的道理，有时候是退而求其次的无奈选择。

偏执的孩子其情感体验比较淡薄，父母在与孩子交流时，要多引导他关注人们的情感，提醒他解决问题时要考虑人们的情感接受度，促使孩子思路更开阔，思考问题更全面。

图书在版编目（CIP）数据

家有中学生：给青春期孩子父母的实用秘籍/陈默著.—上海：上海教育出版社，2018.7（2025.10重印）
（陈默老师家庭教育支招系列）
ISBN 978-7-5444-8630-9

Ⅰ.①家… Ⅱ.①陈… Ⅲ.①青春期-家庭教育
Ⅳ.①G782

中国版本图书馆CIP数据核字(2018)第167284号

责任编辑　金亚静
封面设计　陆　弦

家有中学生：给青春期孩子父母的实用秘籍
Jia You Zhongxuesheng：gei Qingchunqi Haizi Fumu de Shiyong Miji
陈默　著

出版发行　上海教育出版社有限公司
官　　网　www.seph.com.cn
地　　址　上海市闵行区号景路159弄C座
邮　　编　201101
印　　刷　上海展强印刷有限公司
开　　本　890×1240　1/32　印张 7.5
字　　数　159 千字
版　　次　2018年8月第1版
印　　次　2025年10月第19次印刷
书　　号　ISBN 978-7-5444-8630-9/G·7145
定　　价　36.00 元

如发现质量问题，读者可向本社调换　　电话：021-64373213